EXPOSITION UNIVERSELLE INTERNATIONALE DE 1889

CONGRÈS INTERNATIONAL

DE L'INTERVENTION DES POUVOIRS PUBLICS

DANS LE

PRIX DES DENRÉES

COMPTE RENDU STÉNOGRAPHIQUE

PARIS

BIBLIOTHÈQUE DES *ANNALES ÉCONOMIQUES*

SOCIÉTÉ D'ÉDITIONS SCIENTIFIQUES

4, Rue Antoine-Dubois, 4

PLACE DE L'ÉCOLE-DE-MÉDECINE

1891

CONGRÈS INTERNATIONAL

DE L'INTERVENTION DES POUVOIRS PUBLICS

DANS LE PRIX DES DENRÉES

TYPOGRAPHIE

EDMOND MONNOYER

AU MANS (Sarthe)

EXPOSITION UNIVERSELLE INTERNATIONALE DE 1889

CONGRÈS INTERNATIONAL

DE L'INTERVENTION DES POUVOIRS PUBLICS

DANS LE

PRIX DES DENRÉES

COMPTE RENDU STÉNOGRAPHIQUE

PARIS

BIBLIOTHÈQUE DES *ANNALES ÉCONOMIQUES*

SOCIÉTÉ D'ÉDITIONS SCIENTIFIQUES

4, Rue Antoine-Dubois, 4

PLACE DE L'ÉCOLE-DE-MÉDECINE

1891

CONGRÈS INTERNATIONAL

DE

L'INTERVENTION DES POUVOIRS PUBLICS

DANS LE PRIX DES DENRÉES

Monsieur,

A l'occasion de l'Exposition, M. le Ministre du commerce a institué un Congrès pour étudier l'intervention des pouvoirs publics dans le prix des denrées.

Dans l'espoir que vous voudrez bien donner à ce Congrès votre adhésion et votre concours, nous avons l'honneur de vous adresser le programme des principales questions qui feront l'objet de nos travaux.

Dès maintenant, il serait désirable de préparer les travaux de la session et de réunir par avance un ensemble de documents. Nous serons heureux de recevoir les renseignements et les observations que vous jugerez utile de nous communiquer.

Depuis 1879, l'intervention de l'État sur le terrain industriel et commercial, aussi bien par les modifications des tarifs douaniers que par les changements dans le régime des relations commerciales entre nations, a fourni un champ d'expériences et d'observations qu'il serait important de discuter d'une manière scientifique. La tarification du prix de certaines marchandises par l'autorité a été également à l'ordre du jour et a préoccupé l'opinion publique.

On peut encore porter son attention vers la tentative qui a été faite d'amener une entente internationale afin de faire cesser les primes à l'exportation, notamment pour les sucres.

Nous espérons que vous voudrez bien assister au Congrès, prendre part à la discussion et nous apporter les renseignements que vous posséderez sur les questions à l'ordre du jour.

Le Congrès aura lieu à Paris, du 5 au 10 juillet. Il tiendra ses séances dans le bâtiment du Cercle populaire, à l'Exposition.

La cotisation est fixée à *cinq francs*.

Nous joignons à cette lettre la formule d'adhésion que nous vous prions de remplir et de nous retourner.

Veuillez agréer, Monsieur, l'assurance de notre considération la plus distinguée.

Le Président :
FRÉDÉRIC PASSY, député.

Les Vice-Présidents :
A. BURDEAU, député du Rhône,
L. DONNAT, conseiller municipal de Paris.

Les Secrétaires :
BALANDREAU, avocat,
LAPIERRE,
A. RAFFALOVICH, publiciste.

Le Trésorier :
FOURNIER DE FLAIX.

COMITÉ D'ORGANISATION

PRÉSIDENT.

M. Passy (Frédéric), membre de l'Institut, député.

VICE-PRÉSIDENTS.

MM. Burdeau, député.

Donnat (Léon), conseiller municipal.

SECRÉTAIRES.

MM. Balandreau, avocat à la Cour d'appel.

Lapierre, vice-président honoraire de la Chambre syndicale des minotiers de Marseille.

Raffalovich (Arthur), publiciste, rédacteur du *Journal des Débats*, membre du Cobden Club et de la Société d'économie politique.

TRÉSORIER.

M. Fournier de Flaix, publiciste, membre de la Société d'économie politique.

MEMBRES DU COMITE

MM.

Aynard, vice-président de la Chambre de commerce de Lyon, président de la Société d'économie politique de Lyon.

Bourgeois (Léon), député, ancien sous-secrétaire d'État.

Chabrières (A.) fils, de la maison Chabrières-Morel.

Cornet, président du syndicat de la boulangerie de Paris.

Coste, membre de la Société d'économie politique, lauréat du concours Pereire, rédacteur du *Soir*.

Delombre (Paul), publiciste, rédacteur du *Temps*, membre de la Société d'économie politique.

MM.

DEVELLE, député, ancien ministre de l'agriculture.

FAURE (Fernand), député.

GABRIEL, président du syndicat des marchands de vin de Paris.

LALANDE, député de la Gironde, ancien président de la Chambre de commerce de Bordeaux.

LEVILLAIN, président du syndicat général des marchands de vin en gros et spiritueux, à Rouen.

LIORÉ, président du syndicat de la boucherie parisienne.

MÉLINE, député, ancien ministre.

RAMÉ, président de la délégation française de la boulangerie.

SÉVÈNE, président de la Chambre de commerce de Lyon.

VAQUEZ (Léon), avocat, publiciste, adjoint au maire du XVIe arrondissement.

Président (le) de la Chambre de commerce de Lille.

PROGRAMME

I. Intervention de l'État dans le prix des denrées par des droits de douane.

Répercussion sur la production et la consommation indigènes.

Influence sur les salaires. Restriction du marché, coalitions de producteurs.

Influence des tarifs sur les relations internationales. Tarifs autonomes. Traités de commerce. Les primes à l'exportation : convention sucrière.

II. Intervention des pouvoirs publics par la tarification du prix de certaines marchandises ou par la suppression de la libre concurrence : taxe du pain, taxe de la viande.

Organisation des services publics, tels que boulangeries, boucheries municipales, bazars municipaux, omnibus et tramways municipaux.

Le Congrès se tiendra du 5 au 10 juillet, au Cercle populaire de l'Exposition, Esplanade des Invalides.

Le prix de la cotisation est fixé à **cinq francs**.

Prière d'adresser son adhésion à M. LAPIERRE, *rue de Passy, 12, à Paris.*

CONGRÈS INTERNATIONAL

DE L'INTERVENTION DES POUVOIRS PUBLICS

DANS LE PRIX DES DENRÉES

(DU 5 AU 10 JUILLET 1889)

Cercle ouvrier de l'exposition d'Économie sociale à l'Esplanade des Invalides

---

5 juillet, 9 h. 1/2 du matin. — Séance d'ouverture.

5 juillet, 2 h. 1/2 du soir. — Intervention de l'État dans le prix des denrées par des droits de douane, répercussion sur la production et la consommation indigènes ; exposé de la question par M. LAPIERRE, membre de la Société d'économie politique.

6 juillet, 9 h. 1/2 du matin. — Influence des droits de douane sur les salaires, restriction du marché, coalitions de producteurs, exposé par M. Arthur RAFFALOVICH.

6 juillet, 2 h. 1/2 du soir. — Influence des tarifs sur les relations internationales, tarifs autonomes, traités de commerce ; exposé de la question par M. Auguste BURDEAU, député.

8 juillet, 9 h. 1/2 du matin. — Les primes à l'exportation, convention sucrière ; exposé par M. LALANDE, député de la Gironde.

8 juillet, 2 h. et 1/2 du soir. — La taxe du pain, par M. BALANDREAU, avocat.

9 juillet, 9 h. 1/2 du matin. — Taxe de la viande, par M. COMBY, avocat.

9 juillet, 2 h. 1/2 du soir. — Organisation des services publics, tels que boulangeries et boucheries municipales : exposé par M. Léon DONNAT, ingénieur des mines, conseiller municipal de Paris.

10 juillet, 9 h. 1/2 du matin. — L'octroi de Paris, par M. FOURNIER DE FLAIX, publiciste.

10 juillet, 2 h. 1/2 du soir. — Le monopole de l'alcool, par M. Georges HARTMANN, industriel et publiciste.

Le Comité d'organisation :

FRÉDÉRIC PASSY, *président.*
A. BURDEAU, Léon DONNAT, *vice-présidents.*
BALANDREAU, LAPIERRE, A. RAFFALOVICH, *secrétaires.*
FOURNIER DE FLAIX, *trésorier.*

PREMIÈRE SÉANCE LE 5 JUILLET 1889

Le Congrès est ouvert à dix heures du matin sous la présidence
de M. Frédéric Passy, député de la Seine, qui adresse quelques
paroles de bienvenue aux membres présents et invite à constituer le
bureau définitif. Sur la proposition de M. Guiraud, le bureau du
Comité d'organisation est maintenu en fonctions; il y est adjoint des
vice-présidents.

Il se trouve constitué comme suit :

M. Frédéric Passy, *président ;*

MM. Burdeau, Donnat, Lalande, baron d'Estrella, Graham
Breeks, *vice-présidents ;*

MM. Raffalovich, Lapierre, Balandreau, *secrétaires ;*

M. Fournier de Flaix, *trésorier.*

La séance est levée à dix heures et demie.

DEUXIÈME SÉANCE

Deux heures et demie soir

M. Lapierre, qui avait été chargé de présenter un rapport sur l'intervention de l'État dans le prix des denrées par les droits de douane, la répercussion sur la production et la consommation indigènes, expose la question.

L'intervention de l'État dans le prix des denrées par les droits de douane. Leur répercussion sur la production et la consommation indigènes.

Messieurs,

La question des droits de douane et leur influence sur l'économie générale de notre mouvement producteur et commercial, une des plus controversées aujourd'hui, attirera assurément votre attention. Les droits de douane touchent à notre vie commerciale. Elle-même renferme les éléments essentiels de la production nationale, c'est-à-dire les forces vives de la patrie. Nous vous demanderons de l'étudier et de la résoudre sans autres préoccupations que celles des intérêts généraux de la France.

Nul n'ignore l'évolution surprenante subie par notre régime économique dans son orientation, se dirigeant après les traités de 1860 vers la liberté commerciale, s'arrêtant dans cette voie en 1881, puis évoluant tout à coup en 1884 vers un régime restrictif, menaçant de nous faire accéder aux lois les plus dures du protectionnisme.

La lutte s'est engagée très vive. Elle n'est pas absolument entre les deux doctrines libre échangiste et protectionniste, avec leurs conséquences théoriques, mais surtout entre deux tendances bien opposées.

Nous nous présentons à la célébration du centenaire de 1789 dans une étrange attitude, disent les libéraux. *Nous avons conquis de nombreuses libertés politiques : liberté de la pensée, liberté de la parole, égalité politique permettant à chaque citoyen d'acquérir une grande place dans les rangs sociaux, par la seule force de sa probité, de son intelligence et de son travail.* Nous pouvons exprimer les plus ardentes aspirations dans ce domaine, celui des choses abstraites, et, les choses matérielles, dépendant de notre vie propre, sont asservies, enchaînées par des lois restrictives de leur liberté, par un système d'entraves et d'oppression commerciales. En un mot : liberté politique, esclavage économique, voilà le lot de notre génération.

Et cependant les économistes du xviiie siècle autant que les philosophes furent les précurseurs de notre glorieuse Révolution. Ils proclamaient les mérites de la pleine liberté du commerce et de l'industrie, de la libre circulation des choses, au même titre que les philosophes réclamaient l'égalité devant l'impôt, une justice égale pour tous et l'affranchissement des citoyens.

Plus tard Mirabeau déclarait que l'intervention de l'État doit être nulle pour faire prospérer les manufactures : « Sa main est pesante, dit-il, c'est le bras d'Hercule qui veut cultiver une fleur, il l'écrase. » N'est-ce pas une éloquente défense de l'émancipation industrielle ?

Ces vérités seraient-elles devenues erreurs après un siècle ? Ces ardents défenseurs de l'humanité ont-ils fait une vaine glorification de ces principes ?

Comment en sommes-nous venus à renier le pouvoir magique de la liberté sur le développement commercial, sur la puissance de production d'un peuple, sur la rapide extension de sa consommation ?

Il faut pour méconnaître les principes fondamentaux d'un gouvernement démocratique, pour aliéner le droit de tout homme de se pourvoir à son gré des choses dont il a besoin, de régler à sa guise la matérialité de son existence, des considérations supérieures, exigeant ce renoncement à son programme de liberté.

Rien dans la situation comme dans les faits, ne révèle une pareille et douloureuse exigence.

Au contraire, répondent leurs adversaires, une véritable perturbation existe dans les conditions de la production nationale. La production agricole en est l'expression la plus élevée, de même que le paysan est la force principale, le nerf, l'espoir de la patrie. Or l'agriculture est en détresse, la propriété foncière en constante dépréciation; les prix des fermages s'abaissent et suppriment les revenus de la terre. La concurrence étrangère la ruine, elle rend impossible la production du blé, l'industrie vitale du pays. Par une inégalité de traitement dans notre législation douanière, l'agriculteur vend ses produits au prix du libre échange et achète ses matières, ses effets, ses draps, les langes de ses enfants au prix de la protection.

Rétablissez l'égalité en taxant les articles réservés dans nos tarifs : les blés et les bestiaux ; puis nous frapperons les matières premières exotiques qui viennent concurrencer celles de notre production. Le marché intérieur est de beaucoup plus important que nos exportations, réservons nos tendresses pour le marché intérieur.

Voilà les arguments contre la liberté :

Il est indispensable, avant tout examen de cette doctrine, de s'assurer s'il n'y a pas d'exagérations dans l'appréciation des faits énumérés par les partisans de la restriction dans la liberté des choses, et si les modifications douanières obtenues et réclamées ont une efficacité réelle ou même suffisante pour sauvegarder un intérêt dit primordial. Si le remède, même temporairement appliqué, est inefficace ou insuffisant, n'est-il pas dangereux ?

La question se pose nettement ainsi : la richesse de la nation a-t-elle été atteinte par un excès de liberté économique ?

Quoi qu'il en soit, la réaction économique a grandi d'influence dans le pays. Le Parlement s'est laissé entraîner pendant cette législature vers les mesures de protection, et des revirements d'opinion inattendus, comme celles des viticulteurs du Midi, ont fait passer dans le camp des protectionnistes, des populations autrefois dévouées à la liberté commerciale.

Les premières mesures législatives favorables à certains intérêts régionaux sont la cause dominante de cette réaction : chacun a vu dans leur extension un profit personnel à réaliser.

Il faut reconnaître d'ailleurs que les intérêts particuliers ont été défendus avec une puissance de moyens, une persévérance et une énergie que n'ont pas rencontrées les intérêts généraux plus divisés et moins apparents que les premiers. Le gouvernement n'a pas depuis longtemps une politique économique bien ferme et il n'a pas su organiser une institution servant à dominer, au profit de tous, les convoitises de l'intérêt particulier.

L'intérêt général ne ressort pas en France aussi clairement que dans d'autres pays, en Angleterre par exemple. La Grande-Bretagne, avec un territoire moins étendu que le nôtre et une population plus dense, doit recourir aux importations pour combler l'insuffisance énorme de sa production agricole. La puissance industrielle, les intérêts coloniaux rendent indispensable son commerce extérieur qui est l'objet des vifs efforts du peuple anglais pour en augmenter le développement.

En France, notre commerce extérieur, ses bienfaits et la part qu'il apporte à la fortune publique n'apparaissent pas à tous. La plupart des producteurs, agriculteurs et viticulteurs, dont la production est inférieure à la consommation française, trouvent suffisant le marché français et l'accapareraient volontiers à leur profit.

Des industries agricoles ou industrielles dans les centres éloignés de nos ports, quoique bénéficiant des agglomérations d'individus formées par les travaux des usines, où elles envoient leurs produits, ne se rendent pas compte de la répercussion de la puissance industrielle et commerciale sur la consommation et les prix des denrées. Les uns et les autres ne voient pas la solidarité étroite existant entre le producteur du sol et le trafic extérieur qui a pour effet certain de multiplier la production d'une nation et d'augmenter les ressources des classes laborieuses par la profusion du travail chez elle. Ils compromettraient pour quelques profits immédiats cet admirable résultat.

C'est cette solidarité, cette communauté d'intérêts, qu'une école renie et place en antagoniste, qu'il nous convient de définir afin de réclamer les mesures les plus sages et les plus favorables à la prospérité générale.

Il y a donc lieu d'examiner si la doctrine économique libérale est d'accord avec la pratique des faits, ou bien si ceux-ci justifient les restrictions apportées ou réclamées; de quel côté sont les erreurs d'observation et si l'intervention de l'État par les droits de douane est compensé par un accroissement de richesse dans le pays et par une augmentation de production et de consommation, signe indubitable de cette richesse.

« Pour parvenir à la vérité », dit J.-B. Say, « il faut connaître non « beaucoup de faits, mais les faits essentiels et véritablement « influents, les envisager sous toutes leurs faces, et surtout en tirer « des conséquences justes, être assurés que l'effet qu'on leur attri- « bue vient d'eux et non d'ailleurs. »

Nous inspirant de ces sages conseils et en nous basant sur la classification indiquée par les documents statistiques de la France :

Objets d'alimentation ;

Matières nécessaires à l'industrie ;

Objets fabriqués.

Nous chercherons à découvrir, notamment pour les plus utiles de ces objets, l'influence directe des droits de douane sur la production, la consommation et le profit ou la perte qu'ils occasionnent à la communauté française et à l'intérêt général de ses habitants.

Nous nous demanderons si *la liberté d'alimentation*, cette liberté démocratique par excellence, devait succomber en faveur d'un intérêt qu'on nous dit supérieur: celui de la production agricole nationale. Cette production est-elle bien réellement touchée par la concurrence étrangère, ou bien n'a-t-elle subi que les effets d'une perturbation économique générale passagère et déjà disparue ? Peut-on prouver pour *les blés*, que notre marché se défend contre les importations par sa puissance même et qu'avec la moindre extension dans sa production, il se défendrait contre toute importation ? L'exemple de la Russie essentiellement protectioniste et fortement protégée par ses tarifs douaniers, négligeant d'y inscrire des droits sur les blés, ne prouve-t-il pas qu'un pays se défend suffisamment par sa force productive ?

Si ces faits sont prouvés, il en ressortirait que les droits de douane sur le blé ne touchent qu'une importation indispensable, se répercutent faiblement sur l'ensemble de nos marchés et créent une injustice et un danger possible dans des circonstances exceptionnelles.

Les revendications passionnées *des viticulteurs* sont-elles justifiées par la reconstitution de nos vignes, pour laquelle on n'a pas attendu la protection afin de s'y livrer avec effort ? L'élimination de la concurrence, pour quelques résultats immédiats, ne risquerait-elle pas de créer, au profit d'une autre nation, ce commerce des vins dont nous avons le monopole en France et qu'il est utile et avantageux de conserver en absorbant la production de nos voisins ? Le viticulteur lui-même ne doit-il pas faciliter l'extension de la consommation du vin par l'abaissement du prix, incontestablement rémunérateur pour lui, mais trop élevé pour le consommateur ? Ne doit-il pas prévoir et préparer l'écoulement de sa production, alors que ses vignes reconstituées donneront avec abondance ? Substituée à celle de l'alcool, la consommation du vin profitera à la fois à l'hygiène publique et à nos vignobles français. Et puis enfin, ne faut-il pas considérer les besoins du consommateur exigeant pour une consommation fort restreinte, une importation de plus de 12 millions d'hectolitres de vins ?

Les droits sur *les bestiaux* ont-ils une efficacité réelle sur les intérêts agricoles ? La concurrence étrangère a-t-elle amené sûrement la baisse du bétail sur pied ? N'y a-t-il pas d'autres causes à cette baisse ? La baisse progressive depuis 1879 du total de la valeur des importations des bestiaux, se combinant avec une hausse dans leur exportation, ne semblerait-elle pas indiquer que les droits de douane sont, dans la plupart des cas, sans action sur le prix du bétail et que la concurrence intérieure seule exerce cette action? Enfin, n'est-il pas vrai que le consommateur proteste contre l'élévation trop grande du prix de la viande, et qu'il réclame avec raison de ne pas rendre onéreux l'achat de sa principale et meilleure nourriture, en troublant la marche rationnelle des approvisionnements?

Un mouvement d'importation d'OBJETS D'ALIMENTATION d'une valeur de 1,500 millions, sur lesquels en 1888 même, les blés, les vins et les bestiaux sont compris pour 890 millions, ne répond-il pas à un besoin qu'il est imprudent de gêner ou de restreindre?

N'y a-t-il pas lieu plutôt de réclamer la réforme de quelques erreurs de législation; un appui plus efficace pour l'agriculture; la diffusion de la science agricole et l'enseignement des cultures intensives? Ces réformes ne réaliseraient-elles pas mieux sa prospérité que la protection douanière, et la concurrence n'est-elle pas le meilleur excitant à la recherche des améliorations, tandis que la hausse artificielle des produits, si on la réalise, changerait probablement les conditions générales du marché et atteindrait la consommation elle-même?

Les matières nécessaires à l'industrie rentrent en France pour une valeur de deux milliards environ. La plupart d'entre elles ne sont pas produites par notre sol; d'autres se mélangent et se combinent avec celles qu'il produit et leur ensemble forme l'aliment indispensable aux industries françaises qui occupent un rang des plus honorables dans le monde.

Le plus grand nombre de ces matières est exempt de droits de douane; quelques-unes, peu nombreuses, en sont frappées. Il y aura lieu de vérifier l'influence des droits de douane sur celles-ci, notamment sur la houille, les fers, les fontes, les aciers, les huiles de pétrole et de schiste, etc.

Quant à la question de savoir si de nouveaux droits sont applicables sur cette catégorie d'objets, ainsi que le demandent les protectionnistes, pour égaliser la protection industrielle et agricole, la réponse des libéraux est véhémente sur ce point:

Frapper de droits les matières nécessaires à l'industrie, disent-ils, c'est élever le prix de revient des objets manufacturés; c'est affaiblir nos industries, livrer leur clientèle à l'industrie étrangère à l'extérieur et lui livrer même nos marchés intérieurs, à moins de mesures exceptionnelles, dont l'effet serait un renchérissement des produits au détriment de la population. Ce serait, en diminuant la production industrielle, chasser l'ouvrier de l'usine, abaisser les salaires quand les objets hausseraient, réduire en un mot les moyens d'existence des classes laborieuses et diminuer la consommation de toute chose. Nous ne croyons pas qu'il y ait un intérêt quelconque à invoquer alors qu'il seconderait ces désastreuses conséquences.

Quant aux *objets manufacturés*, la seule catégorie d'articles dont la fabrication en France satisfasse largement les besoins de la consommation, ils s'augmentent d'une exportation se chiffrant à 1,700 millions de francs environ. La question des droits de douane auxquels sont soumis les articles similaires de fabrication étrangère devra faire l'objet d'une étude sérieuse et attentive.

La France consomme 10 milliards de produits manufacturés, sur lesquels seulement 550 millions proviennent des manufactures exotiques. L'importation de ces dernières se divise sur un grand nombre d'articles, achetés à l'étranger pour des causes diverses et quelquefois à la suite d'un engouement pour telle mode exotique. Elle comprend en outre des matières que nos industries fabriquent en quantité insuffisante ou dans des conditions de prix onéreuses ; tels sont les filés, considérés comme objets fabriqués et qui sont pourtant matières nécessaires à nos industries ; telles sont les machines et mécaniques portées pour un gros chiffre dans le total de nos importations, qui ont aussi ce double caractère. Nous aurons à rechercher la véritable influence des droits de douane sur l'ensemble de ces objets et jusqu'à quel point ils atteignent le consommateur français, soit directement, soit par voie de répercussion.

Cependant, nous pouvons constater avec un orgueil légitime que sur l'exportation des objets manufacturés, chiffrés à 1,700 millions de francs, *1,200 millions* de ces objets pénètrent chez les nations voisines et chez celles où nous rencontrons nos concurrents industriels les mieux outillés et les plus redoutables, c'est-à-dire en Angleterre, en Allemagne, en Belgique, en Italie, en Suisse, en Autriche et aux États-Unis de l'Amerique du Nord. Notre force industrielle est sans égale.

La mention de ce mouvement nous dispense d'insister sur la nécessité de diriger notre législation douanière de manière à ne pas troubler ce grand intérêt français, mais au contraire d'en faciliter l'extension et le développement.

Il nous restera à élucider ce point si vivement discuté de la prépondérance de l'agriculture sur l'industrie qui, admis par les protectionnistes, semble justifier la protection douanière en faveur de l'agriculture contre l'industrie ; à vérifier si cette faveur peut occasionner la prospérité commerciale et industrielle, ou bien, si le commerce et l'industrie ne sont pas au contraire, en transportant et transformant les produits agricoles, une aide puissante à l'agriculture pour le meilleur parti à tirer de sa production. Nous verrons alors si l'égalité dans la protection n'est pas un sophisme dangereux et si les conditions générales de notre marché n'expliquent pas, sans la justifier pleinement, la tarification douanière de certains articles, en écartant de ces tarifs, selon la doctrine remontant à 1790, les matières alimentaires et celles nécessaires à nos industries.

En suivant pas à pas la progression de la consommation du blé, de la viande et des produits alimentaires, *celle du vêtement* et les progrès du bien-être dans l'habitation, nous en déterminerons les causes, et, s'il est prouvé que nous les devons à l'émancipation du travail, proclamée par notre grande révolution, nous en conclurons que la liberté commerciale s'impose pour la prospérité de la France et pour la richesse publique.

Enfin nous aurons à proclamer solennellement si cette liberté, la liberté des choses, est contraire aux intérêts généraux du pays, ou si elle est digne de se présenter dans tout son rayonnement devant la célébration du centenaire de 1789.

M. Fournier de Flaix dit qu'il est d'accord sur les principes, mais il trouve que M. Lapierre n'a pas traité la viticulture avec assez de ménagements. Celle-ci traverse une crise redoutable, bien autrement terrible que la crise des fermages. La diminution de la fortune nationale est certaine et considérable. La reconstitution du vignoble français demande 6 à 7 milliards de francs. Il est nécessaire d'y apporter de nouveaux capitaux. Jusqu'ici, seules quelques familles très riches ont pu opérer sur une vaste échelle. On dit, il est vrai, qu'il est nécessaire d'organiser le Crédit agricole. Mais cela suffit-il? N'est-ce pas le cas, comme le reconnaissait Adam Smith lui-même, de faire exception au régime de la liberté? Dans leur condition actuelle, les vignobles français peuvent-ils subir la concurrence des vins étrangers entrant à si bon compte?

M. Guiraut, président du Syndicat des négociants en gros de Bordeaux, est loin de partager l'avis de M. Fournier de Flaix. La viticulture traverse-t-elle une crise effroyable ? Dans ce cas, quelles en sont les causes ?

S'il existe encore de grandes propriétés, on rencontre d'autre part un morcellement infini. Avant 1876, le viticulteur s'enrichissait facilement et rapidement. Il contracta les habitudes d'une vie dispendieuse. Ses fils entrèrent dans la politique.

En 1875, on récolta encore 82 millions d'hectolitres. Le Bordelais et le Médoc étaient criblés de dettes. Lorsque le phylloxéra arriva, les propriétaires se dirent : « Cela ne peut pas durer. La maladie passera. » Ils n'ont rien fait, mais le malade est mort.

Il fallut reconstituer le vignoble et pour cela épargner. Malheureusement les paysans qui avaient mené jusque-là une vie très large n'ont pas eu d'argent lorsqu'il a fallu dépenser. Ils ont crié famine et réclamé un Crédit agricole.

En outre, par suite du morcellement, les grands propriétaires ne peuvent pas faire travailler, faute de bras. Les petits n'ont pas d'argent pour reconstituer le vignoble.

L'élévation des droits n'est pas un moyen de salut.

Le vin actuel est faible soit par jeunesse de la vigne, soit par maladie. Il n'est pas de conserve. Il faut lui ajouter des qualités. Les viticulteurs sont ingrats vis-à-vis de l'étranger qui leur fournit le moyen de remédier à l'anémie. Tout le vin périrait sans cela, dans les mains des consommateurs. Le vin exotique représente le médecin et le malade a dû payer le médecin.

Le commerce nivelle le prix et les qualités. Avec un droit élevé de douane, 20 fr. par exemple, c'est une prohibition absolue. On dit que les vins français devront renchérir. Mais on boira alors de la bière et d'autres boissons. On ne boira pas de mauvais vin.

Les propriétaires cherchent actuellement à se mettre en rapport directement avec le consommateur. Ils lui offrent du vin naturel, mais du vin naturel mal fait, avec la plus grande instabilité dans la qualité.

Qu'on recommence à faire de l'alcool, la santé publique en profitera. Quand les vignes seront plus vieilles, quand le vin aura retrouvé sa qualité, on aura chance de retrouver des prix élevés.

Si l'on importe des vins étrangers, c'est qu'on en a un réel besoin.

M. Raffalovich fait ressortir l'analogie qui existe entre la crise amenée en partie par les habitudes dispendieuses des viticulteurs français et les difficultés créées aux agriculteurs anglais par la même cause.

M. Henri PENSA a soutenu les idées suivantes :

Messieurs, on vient d'exposer, devant vous, la situation viticole du midi de la France : alors que les vignerons étaient riches, ils n'ont point su faire d'économies; maintenant que leurs vignobles détruits exigent de lourdes dépenses, ils demandent des droits protecteurs sur les vins étrangers ; ils devaient être prévoyants.

J'habite souvent la Bourgogne; à ce titre, permettez-moi de vous montrer que la reconstitution du vignoble mérite quelque intérêt.

Jamais je n'ai connu aucun vigneron riche, luxueux comme ceux dont on a parlé. De Beaune à Mâcon, il y a surtout des vignerons cultivant à moitié pour des propriétaires : c'est dire que les bénéfices et les pertes sont partagés, que les ravages du phylloxéra atteignent non pas une classe de propriétaires, mais la population riche et pauvre toute entière.

La reconstitution se fait lentement : il faut environ sept ans pour remplacer une vigne atteinte, par une vigne nouvelle produisant une récolte moyenne. Pendant ce long délai, le propriétaire doit fournir des avances, des capitaux, le vigneron doit travailler, et ces efforts ne seront rémunérés que par un profit éloigné. Ces travaux sont indispensables si on veut maintenir ces fertiles coteaux en vignobles.

Qu'y a-t-il lieu de faire? On a dégrevé de l'impôt foncier ces terrains qui sont loin de fournir un revenu; nous applaudissons à cette mesure.

Il faut encore, en élevant les droits de douane sur les vins étrangers, permettre aux cours de se maintenir. Ainsi seulement le vigneron pourra continuer à vivre, à travailler, à transformer sa culture : il doit vivre pendant plusieurs années sur le produit des trois quarts, de la moitié du vignoble qu'il cultive ; il ne peut y arriver si le prix du vin baisse. Et, en effet, le vignoble est ravagé progressivement. C'est progressivement aussi qu'il est reconstitué. Il faut que le produit des vignes qui subsistent momentanément permette au propriétaire et au vigneron de prendre courage, d'enfouir des capitaux et du travail dans ces champs en friche, avec l'espérance de triompher de cette crise, de rétablir l'ancien patrimoine.

Si l'entrée des vins espagnols, italiens, est franche, cette période de protection transitoire n'est point ménagée; des principes de liberté auront empêché la reconstitution d'un des plus importants capitaux immobiliers de France.

Mais si les consommateurs recourent aux vins étrangers, c'est

que le vin français est souvent mauvais, qu'il est en quantité insuffisante, a-t-on dit.

Apprécier la qualité est affaire de goût. Mais si nos vignobles ne
suffisent pas, s'il faut recourir à d'autres, eh bien! Messieurs, il y a
l'Algérie dont la production puissante croît chaque année; il y a
aussi la Tunisie : ces pays sont le prolongement de la France; c'est
un titre pour qu'on les favorise plus que les pays étrangers.

Que les vins étrangers soient imposés pendant une période transitoire suffisante pour permettre la reconstitution des vignobles :
voilà l'intérêt des viticulteurs de France.

Que la franchise soit accordée aux vins de Tunisie comme elle
est accordée à ceux de l'Algérie, ces terres françaises dont la
richesse nous intéresse vivement; voilà qui limitera la hausse que
déterminerait une prohibition absolue de tout vin récolté hors du
sol de la France continentale : voilà l'intérêt des consommateurs
ménagé.

Cette solution également acceptable par les protectionnistes et les
libre-échangistes vaut la peine qu'on la considère.

M. Fournier de Flaix dit que les Allemands inondent l'Espagne
d'alcool.

M. Delombre combat cette assertion.

M. Guinaut dit qu'il n'entre plus de vins alcoolisés en France, ni
d'alcool allemand en Espagne.

M. Fournier de Flaix expose les idées des agriculteurs qui, au
nombre de 8,000, ont délibéré un nouveau tarif de douanes, 30 fr.
par hectolitre. Il faudra transiger avec eux, leur accorder un certain
nombre d'années pendant lesquelles ils jouiront d'un droit supérieur
à 2 fr., mais certainement inférieur à 30 fr.

M. Lapierre voit avec regret certains de ses amis essayer de faire
prévaloir un régime d'exception, demander un semblant de protection. L'élément consommateur a également sa valeur. Le viticulteur
se plaint, parce qu'il essaie d'acclimater des qualités qui ne plaisent
pas au consommateur. Le raisin est un produit agricole, mais le vin
est un produit industriel. Le marché français est avant tout un marché de consommation. Le phylloxéra, en créant un vide, a excité
partout la production et on a dû recourir aux vins étrangers pour
parfaire la production française.

Si vous mettez un droit prohibitif, l'Espagne, l'Italie, la Grèce,
la Turquie, en souffriront pendant quelques années. Mais il y aura
certainement une réaction. Vous verrez certainement des maisons

françaises aller s'établir au dehors pour enlever la clientèle française.

M. Frédéric Passy était en 1860 à Montpellier. La production de l'Hérault était énorme. De simples paysans en blouse avaient des habitations superbes et des meubles magnifiques. On a constaté, lors de la discussion des droits sur les blés, que certaines terres dont le prix du fermage avait baissé considérablement appartenaient à des propriétaires étrangers à leurs cultures, qui habitaient Paris, et qui avaient leurs régisseurs habitant également Paris. Il y a des faits contre lesquels la législation douanière est impuissante; elle endort le malade.

Le but de la production c'est la consommation, celui du travail d'obtenir le meilleur marché possible pour satisfaire ses besoins. Une série de protections accordées successivement arrive à renchérir la vie, à l'encontre de toute civilisation. Prétendre contraindre le consommateur à se servir de telle ou telle marchandise, c'est lui faire une véritable violence. Dans le Dauphiné, sous Louis XVI, on réclama un droit sur le vin étranger, parce que la région produisait un vin si mauvais que personne ne voulait en boire.

Si les produits étrangers sont nécessaires à la consommation, à l'alimentation de l'industrie, pourquoi en priver ceux qui en ont besoin et qui peuvent les payer? Il n'y a pas de crédit spécial. Il n'y a de crédit que pour ceux qui le méritent. Ce n'est pas par des mesures arbitraires, en prenant dans la poche des contribuables, qu'on améliorera la situation générale.

M. Delombre. — Si l'on mettait un droit protecteur, on protégerait aussi les vignobles qui produisent, qui n'ont pas besoin de protection. Le vignoble est en voie de reconstitution. Celle-ci est assurée dans un délai prochain. Il est bien mauvais de dire au pays de se croiser les bras jusqu'en 1892.

Les protectionnistes sont plongés dans l'obscurité relativement aux faits; ils ne sont pas d'accord sur les restrictions du marché.

M. Lapierre. — Ce n'est pas d'aujourd'hui qu'a commencé la reconstitution du vignoble français. La réclamation des viticulteurs aurait dû précéder celle des agriculteurs du Nord. Mais aujourd'hui les viticulteurs veulent fermer le marché de la France. Ils veulent leur part du gâteau.

M. Guiraut. — Quant la majorité du vignoble français sera reconstituée, une grande quantité ira à la chaudière. La loi sur le sucrage du vin devait permettre de faire de la qualité. Des viticulteurs ont fait une quantité considérable de vin mauvais.

M. LEVILLAIN, président du Syndicat général, dit qu'à son avis, la viticulture s'alarme trop tôt.

Il estime qu'il serait regrettable que le législateur prît dès aujourd'hui des engagements, il convient d'attendre les améliorations qui se produiront dans la qualité de nos récoltes, de 1889 à 1892. Il faut d'abord remarquer que malgré une abondance relative, nos vignobles n'ont encore produit, y compris les vins sucrés, que la moitié de la quantité nécessaire à la consommation du pays.

D'autre part, il n'est pas contestable que le commerce n'a recours aux vins étrangers que pour cause d'insuffisance de récolte et de défaut de qualité des vins ordinaires que produisent les jeunes vignes. Viennent les récoltes et les qualités d'autrefois, les vins étrangers seront forcément délaissés.

Les protestations prématurées des viticulteurs n'ont donc pour résultat que de créer un antagonisme regrettable entre la production et le commerce, qui ne s'alimente à l'étranger que parce qu'il y est contraint par des circonstances momentanées, exceptionnelles.

Le point spécial sur lequel je désire appeler l'attention du Congrès est celui-ci : les viticulteurs ne peuvent atteindre les traités avant leur expiration, et dans leur désir de maintenir les prix élevés, malgré le défaut de qualité des vins, ils ne craignent pas de se faire une arme de cette faiblesse même et demandent l'abaissement du degré fixé par les traités, à 12 et même à 10°.

Or, le degré actuel de 15.9 n'a été admis par les puissances contractantes qu'après expériences faites en Bourgogne, dans le Bordelais et dans le Midi, et sur leurs demandes instantes.

Ce serait donc porter un préjudice considérable à nos grands vins d'exportation, que d'abaisser le degré convenu; ce serait faire l'aveu que la France ne produit plus que de petits vins et courir à l'étranger au-devant d'une forte surtaxe.

Le viticulteur du Midi qui ne consulte que l'intérêt du moment, me paraît commettre une grande imprudence. Alors que ses vins atteignaient 15°, il réclamait très justement cette limite maxima ; actuellement les vins produits par nos vignobles à peine reconstitués, donnent naturellement un degré moins élevé, or, il demande l'abaissement de l'ancienne limite de 15, à 12 et même à 10. Ne devrait-il pas prévoir qu'en 1892, ils auront reconquis leur richesse alcoolique d'autrefois, et alors verrons-nous le viticulteur redemander aux pouvoirs publics le retour au degré de 15.9 ?

Les conventions, les lois fiscales ne peuvent subir des fluctuations incessantes, et l'agitation fâcheuse qui est faite en ce moment par nos viticulteurs, qui réclament également des lois draconiennes contre des fraudes qui ne se font en réalité qu'à la production, n'ont pour résultat, je le répète, que de créer entre la production et la consommation un antagonisme déplorable et d'inciter l'étranger à préparer des mesures de représailles qui seront funestes à l'intérêt général du pays.

Quant au droit de 30 fr. qui est demandé, sans aucun souci de l'intérêt du consommateur, ce serait une nouvelle erreur de croire que le consommateur subirait cette taxe excessive, qui n'a pour but que de maintenir les vins français à des prix élevés.

Le consommateur renoncerait de plus en plus à l'usage du vin, que les laboratoires ont trop décrié, et cet abandon ferait la prospérité du cidre, de la bière et autres boissons hygiéniques à bas prix.

M. Donnat présente un intéressant tableau de M. Stranss sur les droits sur les céréales, le prix du blé.

M. Delombre. Les droits sur les blés équivalent à un impôt supplémentaire de 375 millions de francs. Quels ouvriers profitent des droits de douane ?

M. Lapierre espérait voir s'engager la discussion sur les blés. Il n'est d'accord avec personne relativement à la répercussion du droit. La France est le premier pays producteur d'Europe. La répercussion du droit ne se fait pas sur la production entière. Le marché français est assez puissant pour se défendre. La production étrangère n'a qu'une action indirecte et partielle sur nos marchés. Le grand danger c'est l'instabilité de la législation.

M. Donnat insiste sur la portée du fait signalé par M. Lapierre.

M. Lapierre montre que la concurrence des blés étrangers porte sur certains points seulement, qu'elle est surtout sensible dans les régions voisines de la frontière, dans les ports. D'après le *Journal d'Agriculture*, le 25 mai, le blé valait à Anvers 18 fr. ; en France, en moyenne 24 fr. 18 ; au sud-est 25 fr. 60 ; au nord-est 24 fr. 75; au nord, 23 fr. 12; au centre 24 fr. 12.

TROISIÈME SÉANCE. — 6 JUILLET

La Séance est ouverte à dix heures.

M. RAFFALOVICH lit un rapport traitant de l'influence des droits de douane sur les salaires et sur les coalitions de producteurs :

Avant d'aborder l'étude des conséquences que les droits de douane peuvent avoir pour les salaires, on nous excusera de répéter ici quelques vérités élémentaires.

Les salaires qui sont payés aux ouvriers fabriquant un article quelconque n'ont rien à voir avec le prix ou la valeur de cet article :

Les salaires sont déterminés par l'offre et la demande du travail.

La valeur est déterminée par l'offre et la demande de la marchandise.

Les deux choses n'ont aucun rapport l'une avec l'autre.

Il est facile de constater que dans un pays une marchandise quelconque se vend à très bon marché et que les salaires des ouvriers, travaillant dans la branche, sont plus élevés que dans le pays voisin où la même marchandise coûte plus cher à produire et se vend plus cher.

Les statistiques comparées du salaire ont une valeur très relative. C'est une des enquêtes les plus délicates et les plus difficiles à faire. Il ne sert à rien de connaître le salaire payé par journée ou par heure de travail. La seule statistique qui aurait quelque valeur serait celle qui montrerait dans quelle proportion le salaire contribue au coût de la production d'un article donné.

Les protectionnistes affirment que toutes les industries sans exception ressentent les bienfaits de la protection ; que celle-ci, en empêchant la dépréciation des produits agricoles, permet aux paysans de consommer davantage, de payer des prix plus élevés pour les objets manufacturés ; que par suite l'industrie manufacturière sera plus prospère, et que les ouvriers de fabriques, mieux payés, pourront supporter plus facilement une augmentation dans le prix des denrées agricoles. Chaque ouvrier comme consommateur se paiera une taxe à lui-même comme producteur. C'est un cercle vicieux : il suffirait en ce cas de transporter l'argent de sa poche droite dans sa poche gauche, dans le vain espoir de s'enrichir.

L'objet de la protection, c'est de fermer le marché indigène à la concurrence étrangère, d'empêcher que le prix des marchandises, fabriquées à l'intérieur du pays, se ressente de l'offre de marchandises étrangères en grande quantité et à des conditions avantageuses pour le consommateur.

S'il en était autrement, s'il ne s'agissait pas d'assurer aux fabricants le maintien de prix rémunérateurs, ils ne demanderaient pas qu'on mît des barrières à la libre entrée des marchandises.

Dans un marché ouvert à l'abondance des marchandises à bon marché, l'ouvrier peut vivre à bon compte. Dans un marché restreint artificiellement, la vie est plus chère, parce que la production est réduite et que les salaires ont tendance à baisser.

Les patrons qui achètent du travail paient le prix le plus bas auquel ils peuvent s'en procurer.

Jusqu'ici aucune législation n'a encore eu le courage d'ordonner que les salaires des ouvriers devraient hausser dans la même proportion que la protection douanière a surélevé le prix des marchandises. On nous a montré hier l'écart entre le prix du blé à Paris et à Londres : pourquoi ne pas demander que les salaires des ouvriers agricoles profitent d'une augmentation équivalente et que les ouvriers des villes reçoivent également davantage ?

Même si l'on abandonnait aux ouvriers la prime que la protection veut donner à l'industrie en général, les branches non protégées seraient désertées et l'offre de la main-d'œuvre augmenterait dans les branches protégées.

Un tarif protecteur a pour but de protéger le patron contre la concurrence étrangère, mais il ne cherche en aucune manière à diminuer la concurrence entre ceux qui demandent du travail à ce patron.

Le but de la protection est de diminuer la concurrence dans la vente de la marchandise, mais non pas dans la vente du travail.

On cherche à protéger les acheteurs de main-d'œuvre, on ne cherche pas à maintenir les salaires, mais bien à maintenir les profits.

Henry George fait remarquer que ceux-là même qui se disent anxieux de protéger le travail américain en élevant le prix de ce qu'ils ont à vendre, cherchent à acheter la main-d'œuvre le meilleur marché possible et sont les adversaires déterminés de toutes les coalitions ouvrières.

L'effet des droits de douane est équivalent à une dîme qui serait perçue sur la fertilité du sol, la bonté du climat, la puissance de l'outillage et les habitudes industrielles du pays.

En réalité il réduit le niveau moyen du confort et abaisse le niveau des salaires.

M. Cleveland, dans son mémorable message du 6 décembre 1887, avait bien raison de dire que si l'ouvrier dans une industrie protégée peut gagner un peu plus, il le reperd sur le prix des marchandises qu'il consomme.

Sur 17.392.099 ouvriers aux États-Unis, le nombre de ceux qui sont au service des industries protégées est de 2.623.000.

Dans les industries non protégées aux États-Unis, les salaires sont supérieurs à ceux des industries protégées, et protégées par des droits de 60 à 100 %.

Charpentiers, 90 £.

Filateurs et tisseurs, 49 £.

Boulangers, 84 £.

Confections, 49 £.

Imprimeurs, 118 £.

Ouvriers qui fabriquent des machines, 91 £.

De 1880 à 1886, le salaire des ouvriers non protégés a augmenté de 10 à 35 %, celui des autres a baissé de 5 à 35 %.

Les différences dans la même industrie dans deux localités éloignées vont jusqu'à 50 %.

Notons le fait que les salaires d'une branche protégée par un droit de 100 % ne sont pas plus élevés que ceux d'une branche protégée de 25 %.

Aux États-Unis, les salaires les plus infimes sont ceux des ouvriers qui confectionnent des vêtements : le vêtement de coton importé paie 35 à 40 % de sa valeur, le vêtement de laine 51 à 80 %.

L'efficacité du travail est supérieure en Amérique pour bien des articles, si bien que tout en payant davantage ses ouvriers, le fabricant paie moins pour la totalité de sa protection. Ce qui empêche les Américains d'envahir les marchés neutres, c'est le prix de revient élevé de la matière première qui résulte des droits protecteurs.

L'éxemple du passé est là pour prouver que l'abaissement des droits d'entrée n'a pas été suivi d'une baisse des salaires. Loin de là, après 1845, il y a une période de prospérité générale, jamais il n'y a eu si peu de grèves que dans les dix ans, 1845-1855, de tarif réduit. Au contraire, chaque augmentation de tarif a été suivie d'une réduction des salaires, ou tout au moins les salaires sont restés stationnaires.

De 1872 à 1883, les salaires ont progressé de 10 % en Angleterre, ils ont rétrogradé de 5 1/2 % dans le Massachussets.

Sur cent ouvriers américains, dix au plus profitent de la protection, le reste est taxé pour enrichir un petit nombre de fabricants.

La protection n'empêche pas les crises industrielles : elle les provoque souvent en stimulant indûment la production, en faussant le marché, elle amène des ruines, elle fait fermer des usines, elle jette des ouvriers sur le pavé.

Elle n'empêche pas les grèves : où sont-elles plus fréquentes qu'aux États-Unis?

Elle n'empêche pas les chômages : vous verrez tout à l'heure ce que font les coalitions industrielles.

La protection douanière jette un élément d'incertitude de plus dans la lutte pour la vie, par suite de l'instabilité même des tarifs.

Si l'on veut améliorer la condition de l'ouvrier, il faut lui permettre d'acheter ce dont il a besoin, au meilleur marché possible, et trouver dans l'accroissement de la consommation la compensation des prix de vente moins élevés. C'est dans l'augmentation de la production, dans la réduction des frais de production, grâce à un outillage plus perfectionné, grâce à une habileté professionnelle plus grande que le fabricant doit chercher la rémunération de son travail.

Est-ce que le contribuable est tenu de rien donner pour soutenir l'industrie d'un de ses concitoyens? Il doit sa part des dépenses générales, mais non pas dans un but particulier, au profit de tel ou tel fabricant. N'est-il pas absurde de taxer une nation de telle façon que la moindre réduction de taxe puisse être nuisible à quelqu'un? Ne serait-il pas plus sage de payer une pension de l'État à ces individus que le moindre dégrèvement ruinera?

Et de fait, ne touchent-ils pas aujourd'hui des subsides fournis par la masse des contribuables ou consommateurs et qu'ils tiennent à garder ?

Dans l'Angleterre libre échangiste, les salaires sont meilleurs que dans le reste de l'Europe, parce que les Anglais ont de meilleures institutions, plus de charbon, de plus grandes facilités pour le commerce, moins de dépenses, une moindre armée et aussi parce qu'ils ont le bon sens d'acheter ce qu'ils ne peuvent produire, dans de bonnes conditions, et qu'ils donnent en échange ce qu'ils produisent à meilleur marché et avec des salaires plus élevés que dans tout autre pays, excepté les États-Unis. La baisse des prix s'est faite dans les pays où sévit la protection comme dans ceux qui ont l'avantage du libre échange.

Le fermier américain qui paie les salaires les plus élevés peut concourir avec les pays (Russie, Hongrie, Égypte, Inde) où la main-d'œuvre est au meilleur marché possible, grâce à la fertilité de son sol, à l'emploi d'un outillage perfectionné.

Les salaires les plus infimes sont ceux des tisseurs de jute dans l'Inde, et cependant le manufacturier américain payant dix fois plus cher ses ouvriers, vend ses sacs de jute tellement plus bas, qu'il a tué la concurrence indienne en Amérique.

En s'associant, en se coalisant pour réduire leur production et pour s'entendre sur le maintien des cours, les industriels ne font qu'user d'un droit strict. Il n'y aurait délit que si quelques-uns d'entre eux usaient de menaces ou de manœuvres dolosives pour forcer les récalcitrants à entrer dans le syndicat. Mais il est un cas où les coalitions de producteurs sont condamnables : c'est si elles sont encouragées directement ou indirectement par l'État. Il va sans dire qu'elles ne sont tolérables que dans les pays qui vivent sous le régime de la liberté commerciale, parce que le consommateur a la possibilité de se soustraire au joug qu'on veut lui imposer, en s'adressant aux producteurs étrangers. Dans les pays de protection, ces syndicats ont un caractère odieux.

Sur un marché faussé par des droits de douane, fermé à la concurrence étrangère, il y a d'abord une période d'inflation. L'industrie, stimulée par l'exclusion des articles similaires de l'étranger, force sa production, inonde le marché intérieur, se fait une concurrence à outrance. Les producteurs s'aperçoivent alors qu'ils ont fait fausse route, qu'ils se ruinent les uns les autres; quelques spéculateurs hardis conçoivent le projet d'une entente ayant pour objet de déterminer le prix minimum de vente ou bien de restreindre par un accord la production, ou bien de faire l'une et l'autre chose, au besoin d'installer un bureau central qui sera chargé de répartir les commandes et de faire les ventes au consommateur. Le protectionnisme a eu pour but d'assurer à l'industrie indigène le débouché intérieur en même temps que d'agir sur les prix. Par leur faute, les industriels ont déprécié les prix, la coalition est leur remède. Le troupeau des consommateurs sans défense est fait pour être tondu. On lui vendra aussi cher que possible, au prix, par exemple, auquel les usines étrangères peuvent vendre à la frontière, mais augmenté du droit; on divisera le pays par zones qu'on attribuera aux industries groupées par districts.

S'il y a malgré tout un excès de production, et c'est probable, parce que la consommation reculera devant le renchérissement, on écoulera meilleur marché au dehors. Le consommateur indigène sera taxé et la prime encaissée par le fabricant profitera aux consommateurs étrangers.

Les coalitions ont la prétention d'assurer la marche normale de leurs branches, de garantir le travail des ouvriers employés par elles. Mais cela ne me semble pas aussi évident, et c'est en contradiction avec la prétention de restreindre la production. J'ai montré ce qui se passe aux États-Unis, où les coalitions ferment des fabriques, réduisent la main-d'œuvre, pèsent sur les salaires. Les protectionnistes ont beau affirmer que plus la protection est grande, plus le capital afflue vers les branches protégées, que la demande de main-d'œuvre.en serait d'autant plus considérable et que les salaires s'élèveront. On peut leur répondre au contraire que plus une marchandise est bon marché, plus grande est la consommation, plus l'industrie est active, plus on demande d'ouvriers. Il faut faciliter la consommation ; cela vaudra mieux que de la restreindre par des entraves artificielles. Les coalitions sont faites pour augmenter le prix d'un article manufacturé, au profit du capital engagé dans la production. Or, toute élévation de prix d'un article manufacturé dans l'intérêt exclusif du capital est nuisible aux consommateurs, parce que ceux-ci doivent consacrer une part plus grande de leur labeur à se procurer ces produits. Cet inconvénient peut se produire sous diverses formes. Les syndicats de fer brut, par exemple, rendront plus dure l'existence des industries qui travaillent le fer. Mais l'inconvénient est surtout sensible lorsqu'il s'agit d'articles de la consommation directe et que le consommateur est un simple ouvrier sans capital. L'ouvrier qui est obligé de se nourrir, de se vêtir perd dans les cas de renchérissement artificiel, tout comme il le fait sous le régime protecteur qui favorise le capital aux dépens du travail. Les protectionnistes cherchent à dissimuler cette vérité si pénible pour eux : à les entendre, l'ouvrier gagne ce qu'il perd comme consommateur, par suite du redoublement d'activité industrielle. On lui fournit l'occasion de compenser par plus de travail la cherté des articles de consommation. Or, avec les syndicats, il n'y a pas toujours augmentation de la production, ni amélioration des conditions du travail. Au contraire un syndicat habile, voyant que les prix élevés influent sur la consommation, cherchera à limiter la production, afin de ne pas travailler sur stock; je ne vois pas comment la demande de main-d'œuvre augmentera. L'ouvrier perd donc doublement, et il a le droit de protester contre un régime anti-économique, contre la protection douanière qui rend aisées ces coalitions de fabricants.

Il y a un autre inconvénient, que signale un partisan des syndicats, pour les ouvriers qui vivent dans un pays où fonctionne l'assurance obligatoire contre la maladie, les accidents, la vieillesse. Si l'assurance le garantit contre certains risques, elle le met dans une dépendance croissante du patron. Les syndicats se sont arrangés pour assurer l'emploi régulier des travailleurs, ils ont écarté les crises, l'ouvrier a moins à craindre le renvoi parce que l'usine chôme; mais dans quelle situation sera-t-il s'il est forcé de quitter une fabrique englobée dans la coalition ? N'a-t-il pas à craindre qu'il ait de la difficulté à se replacer? Est-ce qu'il ne devient pas le sujet d'un nouvel état industriel ? Est-ce que le gouvernement qui, par les droits de douane, favorise les patrons, ne sera pas amené un jour à intervenir pour protéger l'ouvrier contre les abus de la coalition ?

La paix et la concorde ne règnent pas dans les branches où fleurissent les coalitions : il y a des membres qui ne tiennent pas leurs engagements vis-à-vis du syndicat, d'autres ne veulent pas s'y affilier, alors la guerre à outrance : on cherche à les ruiner, on indemnisera les usines qui ont subi des pertes en vendant meilleur marché que les indépendants. Il résulte des récriminations entre les diverses branches; celles qui ont besoin de matières premières ou de produits à demi-fabriqués se prétendent lésées par les syndicats, ce qui ne les empêche pas de se coaliser à leur tour. La coalition des laminoirs a fait naître celle des hauts fourneaux, et la fermeté des prix des syndicats a provoqué une hausse sensible pour les charbons, à tel point que la fonte est devenue trop chère pour les laminoirs. Ceux-ci sont aujourd'hui dans une position difficile par suite du droit de 5 francs sur la fonte étrangère.

Ces syndicats contiennent en eux-mêmes des germes de dissolution. Chaque membre de la coalition cherchera à profiter des prix élevés en limitant le moins qu'il pourra sa production. Les syndicats ne sont guère favorables aux petits fabricants. L'engagement de ne pas vendre au-dessous des prix de la convention a pour conséquence de concentrer les commandes le plus possible personnellement dans les maisons de premier ordre. A prix égal, l'acheteur préférera s'adresser aux grands établissements. En outre, on élude le plus souvent l'engagement. En Belgique, on a le syndicat des fabricants de fer. Le prix pour la consommation intérieure est d'un franc plus élevé que pour l'exportation à cause du droit. Pour lutter, des fabricants accordent des concessions sur la vente à l'étranger. Par exemple, le prix du fer n° 1 est de 11 fr. 50 les 100 kil. franco bord Anvers. On vend à ce prix, mais le fabricant fait faire la mise à bord par son acheteur et lui bonifie pour ce travail 3 à 4 francs la tonne, alors que le travail ne coûte que 0 fr. 75 ou 1 franc. On vend à l'intérieur à des maisons qui achètent soi-disant pour l'étranger.

D'ailleurs, il n'est pas toujours possible d'englober tous les producteurs. Souvent les grandes usines refusent d'aliéner leur liberté. En outre, les syndicats heureux courent un danger, c'est de provoquer l'établissement de nouvelles grandes usines : les capitaux sont aujourd'hui à l'affût des placements rémunérateurs.

J'ai montré comment le protectionnisme a porté atteinte au libre jeu de la concurrence qui seule est capable de déterminer par l'offre et la demande le véritable prix. Dans un pays où règne la liberté commerciale, les coalitions sont moins dangereuses, leur existence plus précaire. Le gouvernement et l'opinion publique restent passifs et attendent que les bénéfices considérables des syndicats attirent de nouveaux capitaux ou stimulent l'importation.

Aux États-Unis, on agite la question de la répression pénale, alors qu'il est si simple de punir les coalitions en leur enlevant leur raison d'être, à l'aide d'un simple abaissement de tarif. En Allemagne, le gouvernement est favorable aux coalitions de producteurs. La Prusse leur donne des commandes de rails à l'exclusion de l'étranger; même lorsque celui-ci offre à plus bas prix, elle affilie les usines de la Couronne à des syndicats. Je dois ajouter, en parlant de l'Allemagne, que si le protectionnisme peut exister à l'intérieur, que si un gouvernement peut avoir la prétention d'intervenir pour réglementer le prix d'une denrée par une législation fiscale favorable à une classe de producteurs, pour mettre celle-ci à l'abri de la concurrence d'autres producteurs, pour empêcher l'établissement de nouvelles fabriques, cette législation protectrice aura pour effet d'amener la tentative suivante : on essayera de créer une sorte de monopole par actions, englobant les producteurs qui voudront s'y rallier et aliéner la liberté de leurs opérations. On fera la hausse à l'intérieur, la vente sera confiée à une agence centrale et le surplus sera jeté sur les marchés étrangers. C'est l'histoire de la dernière loi de l'alcool en Allemagne; seulement la tentative de coalition n'a pas abouti jusqu'ici. La politique allemande est autoritaire; les socialistes d'Etat accueillent les coalitions de producteurs comme des alliés; ils se figurent que les coalitions empêcheront le chômage et qu'ils créeront une population stable.

Il faut se garder d'invoquer l'intervention de l'État pour réprimer. Il n'y a rien de plus dangereux que de vouloir remédier autoritairement aux inconvénients qui naissent d'un abus de la liberté commerciale.

M. Lapierre. Il y a une différence sensible entre la coalition des industries protégées et celle des industries libres. La coalition des blés a été sans aucune action.

Un membre parle de la coalition des produits chimiques qui, grâce aux droits de douane, fait payer 25 °/₀ plus cher qu'en Angleterre. La consommation est considérable et elle subit l'intégralité de la taxe.

M. Boulé, ingénieur en chef, dit qu'en parlant des coalitions, il faut tenir compte de ce que la production n'est pas limitée annuellement, pour le fer, par exemple. La baisse des salaires est forcée avec la protection.

M. Guiraut montre que les droits sur les blés constituent un impôt doublement improportionnel.

M. Passy explique comment la protection agit de tous les côtés pour réduire le bien-être.

QUATRIÈME SÉANCE. — LE 6 JUILLET 1889.

La séance est ouverte à 2 heures et demie sous la présidence de M. Frédéric Passy.

M. Passy. — La parole est à M. Burdeau, député, sur l'influence des tarifs sur les relations internationales, tarifs autonomes, traités de commerce.

M. Burdeau. — Nous avons eu d'abord à examiner la question des relations internationales commerciales, en la considérant à deux points de vue : l'influence des tarifs sur les prix des denrées et leur influence sur les salaires des travailleurs. Aujourd'hui, la question qui nous est proposée est d'un ordre peut-être plus général, plus philosophique, au moins en apparence : il s'agit de savoir quelle est l'influence des tarifs et des traités de commerce sur les relations internationales au sens le plus général de ce mot.

Ces relations ont été transformées par les découvertes récentes. Bien des gens qui n'ont que des rapports inconscients avec la littérature, les beaux arts des peuples voisins, entretiennent au contraire avec ces derniers des relations économiques considérables : ces relations sont celles qui aujourd'hui influent peut-être le plus activement sur la vie des peuples les plus éloignés de la surface du globe. Voilà le fait nouveau, grâce auquel les tarifs commerciaux, les traités de commerce, peuvent exercer une grande action sur l'avenir de la race humaine.

Lorsque les échanges des personnes et des denrées se font facilement, il est certain qu'il se crée des rapports nouveaux entre les nations et qu'il y a comme une sorte de fraternité entre les peuples. Au contraire tout ce qui peut altérer ces relations a la même influence sur l'avenir des relations internationales que pouvait avoir jadis sur l'avenir de l'humanité un événement tel que l'invention de l'imprimerie ou les persécutions contre la liberté de penser. Ce qui autrefois agissait sur la vie morale et intellectuelle des peuples était décisif pour le reste de l'humanité. Aujourd'hui ce qui agit sur les relations commerciales peut avoir la même influence décisive.

Il y a 20 ans, il semblait que l'avenir appartenait au libre-échange. Cette formule paraissait avoir conquis la plupart des esprits chez presque tous les peuples. Depuis nous assistons à un mouvement en sens inverse. Il n'est pas contestable que les théories protectionnistes ont repris de l'empire. Faut-il attribuer ce mouvement aux mauvais sentiments qui existent entre les peuples par suite de guerres récentes ? faut-il l'attribuer aux nécessités matérielles, financières, que ces mêmes guerres ont fait naître, au besoin que l'on a éprouvé, pour faire face à des dépenses militaires, sans exemple dans le passé, de créer des ressources nouvelles à tout prix et de les dissimuler aux peuples ? Ou faut-il enfin le rapporter à l'apparition des produits agricoles de l'Inde, de l'Amérique, qui rapprochées de nous par des moyens de transports perfectionnés, créent à côté de nos terres des terres rivales?

Toutes ces causes ont dû collaborer à la fois. Quoi qu'il en soit, aujourd'hui, en France, en Allemagne, dans toute l'Europe, jusqu'en Angleterre, dans la terre classique du libre-échange, cette doctrine est battue en brèche. En Angleterre on parle de remplacer le libre-échange par le loyal échange, c'est-à-dire de frapper les produits des peuples étrangers en proportion des charges que les peuples étrangers imposent à nos produits, comme si ce pouvait être une compensation pour le consommateur français, par exemple, qui a déjà l'inconvénient de ne pas pouvoir vendre librement ses produits à l'étranger, que d'aller encore charger les denrées nécessaires à sa subsistance et dont la valeur entre dans le prix de revient de ces produits d'exportation.

Chez nous, apparaît encore une autre doctrine : à l'approche du renouvellement des traités de commerce nous entendons répéter partout que la vraie méthode à suivre serait d'offrir aux peuples qui voudront entrer en relations commerciales avec nous, une fois les traités expirés, le choix entre un tarif général, très dur, presque prohibitif qu'on appliquera aux peuples qui ne voudront pas nous faire de concessions, et un tarif un peu moins sévère, très élevé cependant, puisqu'on regarde les droits actuels sur les denrées agricoles comme devant être plutôt accrues dans ce tarif : ce tarif serait offert à titre de régime de faveur aux nations qui nous feraient des conditions acceptables.

Nous ne savons quelle est la doctrine qui triomphera.

Cette renaissance du protectionnisme qui se produit partout depuis vingt ans, a-t elle été avantageuse aux peuples en général ? Si l'on fait le total du commerce d'exportation des peuples civilisés, il y a vingt ans et aujourd'hui, on voit que le commerce s'est développé et que des nations sont entrées dans le mouvement général des échanges qui jusque-là ne comptaient pas. Mais ce mouvement semble se ralentir d'une manière inquiétante depuis dix ans.

Eh bien! ce ralentissement que nous constatons en lisant les statistiques des échanges des différents peuples, est-ce que chaque peuple en ressent les effets? et dans ce cas est-ce qu'il n'est pas de nature à inspirer des inquiétudes sur l'avenir et la prospérité de chaque pays?

Y a-t-il des chances pour que les traités une fois expirés, ils soient renouvelés? Nous sommes ici pour recueillir sur ce point tous les avis. Le Gouvernement, le Parlement les demandent. Nous les recueillerons et nous avons confiance en les réunissant que nous aurons, quel que soit le résultat, travaillé à multiplier les chances qui peuvent subsister en faveur d'une reprise de bonnes et cordiales relations entre les peuples, et d'arrêter ce mouvement de recul auquel nous assistons depuis un certain nombre d'années. Si nous obtenons ce résultat, nos efforts n'auront pas été stériles, puisque c'est le progrès de la fraternité humaine que nous aurons servi.

M. Léon Donnat. — Nous sommes tous d'accord. Cependant je vais essayer une objection. Je crois qu'avec le mouvement protectionniste qui s'accentue, nous sommes exposés, en 1892, à ne plus avoir de traités de commerce. Nous sommes une minorité, et pouvons-nous penser que les protectionnistes n'auront pas raison au point de fermer la barrière très carrément en disant : voici le tarif auquel tout le monde sera soumis.

Ce tarif, nous en subirons les conséquences, nous ne pourrons pas exporter ces produits dans lesquels la France excelle, parce que les étrangers ne pourront pas les acheter. D'autre part, nous paierons nos matières premières un prix exorbitant. — Nous marchons dans cette voie. Si nous avons un tarif exagéré, nous en souffrirons plus qu'aucun autre peuple au monde. Les Américains, par exemple, seront moins gênés que nous, parce que leurs débouchés comprennent un territoire aussi grand que l'Europe. Nous aurons un marché uniquement restreint à la France. Les Allemands trouveront moyen de faire des arrangements avec l'Autriche, et avec l'Italie, et la France restera toute seule, obligée de vivre sur place, de consommer tous ses produits.

Je lisais tout à l'heure dans un ouvrage américain ceci : « Le plus mauvais usage qui puisse être fait d'un homme est de le pendre ; un usage plus mauvais encore est d'en faire un marin, et un plus mauvais encore est d'en faire un commerçant ».

Cette doctrine est sincère. On n'entend pas les protectionnistes américains dire : nous mettrons des surtaxes et cela n'aura pas d'influence sur le marché national. Ils disent : supprimons les bateaux à vapeur, les chemins de fer jusqu'aux frontières, et mettons nous dans une île plus fermée que les murailles de la Chine. Donnons cet exemple, que lorsque la Chine ouvre ses portes, le monde moderne les ferme.

Nous sommes exposés à voir ce tarif général et rien de plus. Ici, je voudrais soulever la contradiction. Je désirerais voir quelque part en France un tarif autonome. Je crois que nous le pouvons si nous adoptons ce système de législation séparée, temporaire, qui existe en Angleterre, aux Etats-Unis, en Suisse, un peu en Allemagne. Je voudrais que, dans une région du territoire qui le demanderait, on puisse faire un essai de libre-échange. Je voudrais que la loi autorise certains pays frontières, Bordeaux, par exemple, si Bordeaux le voulait, une autre région, si une autre le demandait, à reculer la barrière des douanes à un certain périmètre déterminé et à jouir de la franchise commerciale en deçà de cette frontière. Bordeaux, par exemple, pourrait reculer la barrière de douane jusqu'aux limites du département. Dans ce département, on expérimenterait le libre-échange. On recevrait et on expédierait en franchise tous les produits. On jouirait de la liberté commerciale la plus complète. On verrait ce que cette expérience produirait. Si, au bout de quelque temps, les gens étaient plus malheureux, s'ils payaient leurs vêtements plus cher, leurs denrées aussi, si leurs salaires étaient plus bas, ils demanderaient à renoncer à ce système. Mais si les faits contraires se produisaient, les départements voisins diraient : permettez-nous de nous joindre à ce département.

Ce serait une leçon de choses, une démonstration par le fait. Je n'espère pas que, dans l'état actuel des esprits, une autre démonstration soit possible. Toutes les raisons ont été invoquées et les doctrinaires sont impuissants à se convaincre.

Avec cette expérience, qui ne devrait jamais être imposée, on aurait au moins l'avantage d'avoir fait un essai qui serait toujours instructif, quel qu'en fût le résultat.

Ces essais ne sont pas sans exemple. Il y en a de connus que je ne veux pas citer.

Voilà, Messieurs, le moyen qui vous est soumis pour arriver au but vers lequel nous tendons de plus en plus. S'il y a un autre moyen, j'abandonne le mien.

M. Raffalovich. — Je crois que M. Donnat se fait illusion sur les avantages de ce procédé. Si l'on se reporte à l'origine de Brême et d'Hambourg, on voit qu'à côté du privilège de port franc, ce qui a surtout fait leur grandeur, c'est la population qui, pendant la guerre de Trente ans, est venue se réfugier dans ces villes. On a offert à plusieurs reprises aux Marseillais d'avoir un port franc. Les Marseillais n'ont pas voulu. Napoléon leur avait offert de faire pour Marseille ce que Bismarck a fait pour Brême et pour Hambourg : un grand entrepôt dans lequel on aurait pu introduire des marchandises et les manipuler comme on l'aurait voulu.

Il ne faut pas élever de barrières douanières. Dans l'exemple de M. Donnat, la Russie viendrait vendre des vins à Bordeaux et y apporterait ses blés. Mais vous ne pourrez pas forcer la consommation. Pour acheter, il faut vendre. La balance entre le blé et le vin n'existera pas.

Pour moi, je crois que c'est de l'excès du mal que viendra la guérison.

M. Coste. — J'ai écouté avec beaucoup d'attention la proposition très originale de notre vice-président, M. Donnat, et je ne suis pas de son avis. Je crois, en effet, que ce qu'il propose irait à l'encontre de tout ce qui s'est passé dans notre histoire économique. Nous avons mis longtemps à obtenir l'unité dans la législation fiscale et ce serait aller contre cette unité. Si une région faisait cette expérience, ce serait à son avantage, vous accorderiez ainsi à cette région un véritable dégrèvement.

Je crois que nous irions tout à fait à l'encontre du remède à cet envahissement du protectionnisme.

M. Raffalovich disait que de l'excès du mal naîtrait le bien. Autrefois, quand la France était divisée en douanes locales, le transport de certains produits était interdit d'une province à une autre. Nous sommes sortis de là progressivement, par l'unification du territoire, et par les conquêtes économiques. Aujourd'hui, ne pouvons-nous pas espérer établir des unions douanières ? Il me semble que la chose est possible. Elle n'est peut être pas possible pour la totalité des industries, mais elle est au moins possible pour certaines productions. La Belgique a des rivalités industrielles qu'il serait très difficile d'apaiser aujourd'hui. Par exemple, sur la question de la houille et du fer, il serait difficile de faire l'unification.

Mais, est-ce que sur les produits agricoles, par exemple, on ne pourrait pas faire avec la Belgique une union douanière ? Je donne simplement cela comme exemple.

Nous devrions commencer par essayer d'établir une espèce d'uniformité d'entrée, partout où cela est possible, avec les nations voisines.

M. Donnat. — M. Raffalovich disait que la ville d'Hambourg ne devait pas sa prospérité à cette circonstance que cette ville est un port franc. C'est une appréciation discutable ; il n'en est pas moins vrai que sa prospérité est exceptionnelle. Il a dit aussi que de l'excès du mal naîtrait le bien. C'est notre pensée à nous. Notre maître, M. Molinari, m'a dit cela quelquefois, mais il admettait un délai de 100 à 200 ans. Moi, je suis pressé. Je crois très bien qu'un jour on changera son fusil d'épaule, mais attendre 200 ans, c'est trop tard. On doit chercher à raccourcir la période.

L'expérience ne serait jamais très étendue, complète, mais je crois que l'expérience donnerait de bons résultats. On n'amènera pas seulement à Bordeaux ce qui doit être consommé dans le pays et ce qui doit être transporté au delà de la frontière douanière en France. On pourra amener à Bordeaux des marchandises pour être envoyées très loin et Bordeaux deviendra un entrepôt général. L'Angleterre a aujourd'hui un entrepôt général pour le monde entier. Il n'y a pas d'animaux à fourrures en Angleterre, et pourtant le marché aux fourrures est tout entier à Londres. C'est là qu'on les transporte toutes, c'est là qu'on établit les prix, et c'est au marché de Leipzig qu'elles sont vendues.

Aussitôt qu'on a un port franc, il tend à devenir, par la force des choses, un entrepôt général pour d'autres pays. Je crois que cette circonstance suffirait pour qu'une zone ait la bonne pensée de demander pour elle l'affranchissement commercial. La prospérité en serait si considérable que les pays voisins en seraient frappés et demanderaient ce régime.

Je fais remarquer à M. Coste que je ne veux pas rompre l'unité politique du pays. Je parle d'une expérience temporaire et je m'appuie toujours sur les précédents. Ces précédents remontent à Turgot. C'est Turgot qui, ministre, avait conçu tout cela et il a réalisé ainsi les plus importantes réformes.

C'est aussi ce que fait le Parlement anglais : quand il s'agit de voter une loi, les membres Écossais qui sont en minorité dans le Parlement britannique viennent dire : voilà une loi qui nous plairait pour l'Écosse et les Anglais répondent : ce n'est pas du tout notre opinion pour l'Angleterre, mais vous la voulez pour l'Écosse, prenez la.

Presque toujours l'Angleterre et l'Écosse commencent par avoir des lois faites pour les deux royaumes séparément.

Si nos sénateurs, députés, conseillers généraux, municipaux, venaient dire au Parlement : nous avons assez de vos lois restrictives, laissez-nous essayer le libre-échange chez nous, et nous verrons où on en arrivera, je ne vois pas l'inconvénient qu'il y aurait à cette tentative. Si elle ne réussit pas, le risque sera limité à la région. Si elle réussit, le port deviendra un entrepôt général, un centre industriel, commercial, d'une prospérité excessive, ce qui ferait envie aux régions avoisinantes.

Quant aux droits de douane, ils représentent, par exemple, telle somme pour la région de Bordeaux. Eh bien! Bordeaux continuerait à payer tant par tête d'habitant. Donc, nous n'y perdrions rien pour le Trésor. C'est ce qu'on fait à Brême et à Hambourg.

M. Coste. — Je suis convaincu que l'expérience réussirait, parce que les petites régions se trouveraient à la fois jouir des avantages de la liberté et profiter indirectement des avantages de la protection. Tout serait donc en leur faveur. Mais je crois que cet exemple n'est pas applicable à la situation actuelle. Le nom de Royaume-Uni indique que ce sont des royaumes unis sous la même couronne, mais le Royaume-Uni, c'est une véritable union douanière, un vrai zollverein. L'Irlande n'a jamais pu profiter de cela.

Est-ce qu'en France nous sommes dans des conditions analogues? Il n'y a plus de provinces, il y a des départements. Il serait difficile de faire une scission à notre territoire. Je comprendrais cette proposition appliquée à l'Algérie ou à la Corse, mais il me semble que c'est contraire à notre histoire que de faire des distinctions entre les différentes parties de la France.

M. Lapierre. — Je ne veux pas examiner l'expérience proposée par mon honorable collègue et ami, M. Donnat, je ne veux pas savoir s'il obtiendrait un marché international. Je me bornerai à lui dire que l'opinion publique a été faussée à ce point dans le pays, sur les questions économiques, qu'il trouverait difficilement une contrée prête à consentir à son expérience. Ceci dit, permettez-moi d'examiner à un autre point de vue, l'influence commerciale sur les relations internationales.

Influence des tarifs sur les relations internationales

« Jetez sur le fossé la planche de l'intérêt économique commun,
« les marchandises y passeront et derrière elles, la justice, le droit,
« la paix », disait M. Aug. Lalance, député de l'Alsace au Reichstag.

Cet aphorisme remarquable caractérise de la façon la plus saisissante le rôle de l'action commerciale librement exercée, dans les relations entre les peuples. Il condamne, d'un mot, les éléments de perturbation apportés au rapprochement économique des nations.

Si l'échange de leurs produits et la fusion de leurs intérêts a pour conséquence de résoudre ces problèmes de haute moralité; si la justice et le droit sont le cortège habituel de la cordialité des rapports commerciaux entre nations ; si la politique de paix, seule protectrice du travail, et seuls, le travail et la paix, dignes de notre civilisation, sort de ce rapprochement, ne devons-nous pas rechercher avec passion tous les moyens d'étendre notre mouvement économique, de grandir les échanges, de lier les intérêts?

Et si nous voulons nous convaincre de la vérité de cette sage parole : l'équité et la paix par l'intérêt économique commun, il nous suffira de rappeler quelques faits récents pour la proclamer.

En effet, n'est-il pas vrai que parmi les traités de 1860, celui conclu entre la France et l'Angleterre a puissamment contribué à l'apaisement des passions hostiles entre les deux peuples, soutenues par une haine séculaire profondément enracinée?

N'avons-nous pas vu maintes fois les froissements survenus à la suite d'incidents divers entre les Américains du Nord et les Anglais, s'apaiser par la crainte de troubler un trafic commercial immense et d'amener de nombreux désastres commerciaux, si la guerre s'était déclarée entre la Grande-Bretagne et les États-Unis du Nord?

N'est-ce pas la guerre économique, de courte durée cependant, entre la France et la Roumanie, ayant abouti au décret du 7 août 1885, frappant en France les produits roumains de 50 p. % de leur valeur, qui a inquiété les sympathies françaises pourtant si vivaces chez ce petit peuple et l'a jeté dans les bras des Allemands et des Autrichiens?

Enfin, notre rupture commerciale avec l'Italie ne démontre-t-elle pas que si les tarifs élevés entre nations ne sont pas la cause première de leur rupture diplomatique, ils sont un indice certain de l'absence de bienveillance réciproque et d'hostilité latente?

Le préambule des traités de commerce confirme formellement cette thèse quand il déclare, dans ses premières lignes, qu'ils sont élaborés dans le but de conserver les liens d'amitié unissant les deux peuples qui les concluent.

Un traité n'a ce caractère d'intimité de haute valeur morale, à la condition seulement, qu'au moment de sa conclusion, il ait été accepté dans la plénitude de liberté des deux parties contractantes, et avec le désir commun de rapprocher les intérêts par des liens d'amitié. Tout traité conclu sous la pression d'un événement quelconque est supporté par la nation qui l'a subi, dans ses clauses bonnes ou mauvaises, comme un joug pesant. Il n'en sortira jamais ni paix, ni justice.

Par contre, un régime économique librement consenti par deux pays, accepté de bonne foi dans l'intérêt commun, n'ayant d'autre but que de créer une communauté de rapports, provoque dans les luttes commerciales et industrielles de nobles émulations. Il excite chez les travailleurs des deux pays cette saine ambition, source des progrès scientifiques industriels, de montrer la supériorité de leurs procédés, l'excellence de leurs produits et l'intelligence de leur travail.

Il faut alors, pour que la victoire soit indiscutée, renfermer la lutte dans le domaine spécial des antagonismes industriels, et qu'aucun autre sentiment ne fasse dévier la loyauté de la concurrence pour en rejeter les effets sur des intérêts politiques par exemple, ou tout autre intérêt inavouable. Là encore, il n'y aura ni justice, ni paix, parce que la droiture des procédés sera bannie de la lutte.

Voilà pourquoi un traité de commerce étant un traité d'amitié, quel immense bienfait en reçoivent les nations, en acceptant, avec la volonté ferme de la faire respecter, la clause essentielle du traité: cordialité, loyauté dans les relations.

Les peuples industriels même n'ont rien à redouter de leur rapprochement économique. Les débouchés à ouvrir dans le monde entier sont considérables, et la production pouvant encore se développer chez eux, ils ont tout à gagner à marcher côte à côte à la conquête de nouveaux marchés. La concurrence, en abaissant les prix, augmente la consommation chez eux mêmes, et c'est se priver de cet élément de succès que de l'enchaîner par des lois restrictives.

Les peuples industriels, dont le commerce extérieur forme une partie de leur richesse, auront-ils longtemps l'absurde prétention de fermer leurs marchés à leurs concurrents, et de demander à ceux-ci d'ouvrir les leurs ?

Enfin, la facilité des échanges, en outre des bienfaits qu'elle répand dans les nations civilisées, a mieux servi la civilisation, conquis plus rapidement les peuples nouveaux, se les est attaché d'une manière plus durable, que les hauts faits des plus grands capitaines. On peut déclarer maintenant que l'action commerciale servie par le droit et la justice sera désormais la seule puissance pour les conquêtes de l'avenir.

De cet exposé ressort clairement l'influence des tarifs sur les relations internationales.

Les tarifs douaniers, s'ils sont une mesure fiscale, aggravent les impôts d'un pays; s'ils sont une mesure de protection, ils pèsent plus lourdement encore sur sa population.

Dans l'un ou l'autre cas, les tarifs douaniers gênent la circulation des produits, élèvent leur prix et diminuent ainsi leur consommation; ils restreignent les échanges et vont à l'encontre de la possession d'un suprême bien, le plus précieux dans la vie des peuples : le règne du droit, de la justice et de la paix.

M. Donnat. — Je demande la parole pour une motion d'ordre. La voici : il n'y a pas beaucoup de monde au Congrès, les séances du matin sont toujours moins fréquentées que celles du soir, il est en outre assez difficile de se déplacer deux fois par jour. On pourrait ne faire qu'une séance dans l'après-midi.

Le 8, on discuterait le pain et la viande, le 9, M. Lalande parlerait des sucres, et il resterait l'octroi et l'alcool qui pourraient être traités en une séance le 10.

M. F. Passy. — Reste à savoir si M. Lalande sera libre ce jour-là.

M. Fournier de Flaix. — Je l'avertirai de cette décision.

M. Raffalovich. — M. Donnat aura l'extrême bonté de nous éclairer sur les boulangeries et boucheries municipales.

M. Donnat. — Si j'étais là lundi, je le ferais, mais je dois rompre pour un jour — et c'est lundi — le congé que j'ai pris au conseil municipal.

M. Lapierre. — Je crois que la question sucrière et la question que traiterait M. Donnat peuvent venir ensemble.

M. Blanchet. — Je voudrais vous entretenir de la question du tarif douanier en Indo-Chine. Cela pourrait servir à l'exemple dont parlait M. Donnat tout à l'heure. L'Indo-Chine a été soumise au régime de la franchise la plus complète. Sa prospérité a toujours été en croissant, l'agriculture s'y est développée beaucoup, les exportations ont atteint un chiffre considérable et, en 1886, elles ont atteint le plus haut chiffre qu'on ait vu depuis l'occupation fran-çaise.

En 1887, cédant aux objections des protectionnistes, on a appliqué le tarif général des douanes dans toute son étendue, sauf modifica-tions portant sur les objets à l'usage des indigènes, sur des articles chinois qui n'avaient qu'une importance relative. Depuis, la Cochin-chine perd de son influence au point de vue commercial. On com-mence à ressentir les effets de l'établissement des douanes. De janvier au 30 mai 1886, le commerce s'élevait à 5,220,000 p., et pour cette même période en 1888 à 2,000,000 seulement, c'est-à-dire exactement la moitié.

Il y a évidemment d'autres causes que les douanes. Cela tient un peu aux changements fréquents de gouvernement, aux fonctionnaires qu'on déplace constamment; mais la cause principale, reconnue par tous, c'est l'établissement du régime douanier, qui a eu pour consé-quence de faire renchérir la vie des Annamites. Il en résulte que nous ne faisons plus rien. La colonie se trouve dans une situation déplorable, les faillites se sont multipliées d'une façon inquiétante ; là où il y en avait deux ou trois, on en comptait 50 en 1888, ce qui est considérable.

La Chambre de commerce de Saïgon exposa la question dans une brochure que je vous recommande, et sa conclusion est que le régime douanier, inauguré en Cochinchine d'après la loi votée un peu à la légère, doit être aboli à dater du 1er janvier 1888. Quand cette brochure est arrivée en France, le Sous-Secrétaire d'État s'en est occupé. On a nommé une commission chargée de reviser le tarif douanier de la Cochinchine, mais cette commission ne comprenait aucun commerçant. On y avait mis des fonctionnaires, des députés, des sénateurs, mais pas un commerçant cochinchinois. Lorsque M. Étienne est arrivé au sous-secrétariat, il a adjoint trois membres, deux pris au Tonkin et un en Cochinchine. Ils ont fait des efforts pour arriver à des modifications sérieuses du tarif. Ils ont obtenu, avec beaucoup de peine, le dégrèvement de tous les articles chinois n'ayant pas de similaires en France.

Les protectionnistes ont demandé le relèvement des droits sur les filés de coton qui servent surtout au Tonkin à la fabrication des tissus. Le relèvement des droits sur les filés était de 30 % sur les droits du tarif général; sur la cotonnade il variait entre 16 et 30°/₀.

Nous avons obtenu gain de cause devant le conseil d'État qui a repoussé les droits sur les cotonnades de 16 à 29 %. Tel tissu qui payait 62 francs en paie 80, etc. C'est dans le but de protéger l'industrie française des cotonnades contre la concurrence anglaise. Nous ne pouvons pas vendre de riz à Rouen, mais nous sommes obligés de lui acheter des cotonnades.

Pendant 1888, sur une importation totale de 8 à 10,000,000, l'industrie des cotonnades n'a donné que 3 ou 400,000 fr.; c'est donc pour ces 3 ou 400,000 francs de marchandises vendues qu'on a apporté une perturbation profonde dans la colonie. La principale ressource du budget de la Cochinchine, ce sont les droits sur les riz. Nous en avons exporté pour 2,000,000 de moins qu'auparavant, ce qui fait que pour vendre 400,000 francs de cotonnades nous perdons 1,500,000 sur les riz.

La séance est levée à 5 heures 30.

———

CINQUIÈME SÉANCE. — LE 8 JUILLET 1889

La séance est ouverte à 2 heures 1/2, sous la présidence de M. Frédéric Passy.

M. PASSY. — J'ai reçu plusieurs lettres d'excuses dont une de M. Brooks, empêché d'assister au congrès par suite de la mort de son enfant. M. le Secrétaire voudra bien exprimer toutes nos sympathies à M. Brooks.

La parole est à M. Balandreau sur la taxe du pain.

M. BALANDREAU. — Je dois déclarer que l'exposé que je vais faire de la question de la taxe du pain contient l'expression de mon opinion personnelle.

La taxe n'existe absolument qu'en France. Aucun autre pays d'Europe ne la connaît. En 1836, elle disparaît d'Angleterre ; en Belgique elle est tombée en désuétude en 1855. On ne la connaît pas en Hollande, en Portugal, en Allemagne. Nos compatriotes d'Alsace-Lorraine en sont affranchis depuis le 1er janvier de l'année dernière. Il serait bien singulier, si la taxe est utile, de voir qu'on y renonce.

Voyons, Messieurs, au point de vue du commerce spécial de la boulangerie, quels sont les effets de la taxe. La taxe est une chose qui n'est pas commode à manier. Un député de la Corrèze, M. Borie, qui a été maire de Tulle, en faisait l'aveu et disait que chaque fois qu'il lui fallait taxer les boulangers de sa commune, il avait un remords de conscience, et qu'il n'avait jamais eu la conviction d'avoir taxé avec équité le commerce de la boulangerie.

La taxe se compose de trois éléments : le prix du sac de farine, le rendement de la farine en pain et les frais généraux du boulanger. Il n'y a pas d'éléments plus variables. Il y a farine et farine, avec des écarts de 5 et 6 francs par sac de première qualité. Comment celui qui est appelé à taxer le pain peut-il dire : c'est ce prix là que je choisis ?

Il y a des rendements divers selon les farines, selon la forme du pain ; on admet un rendement de 130 kil. par quintal à Paris, et de 143 dans les départements. C'est donc encore un élément variable. Il en est de même des frais de panification, de loyer, de salaires, de combustibles. Le fonctionnaire municipal est obligé de trouver une prime de cuisson qui soit la représentation exacte des frais du boulanger. Il est impossible de faire une taxe équitable. Parmi les maires qui ont fait l'usage le plus fâcheux de la taxe, je trouve des gens qui sont vétérinaires, dessinateurs sur étoffes, des fabricants de carton, etc. Quelle est la compétence de ces gens pour déterminer le prix du pain dans leurs communes ? Aussi, d'un point du pays à l'autre, on rencontre des appréciations très différentes et tout à fait phénoménales.

J'ai entre les mains un arrêté de M. le Maire de Mamers qui considère que la prime de cuisson est suffisamment rémunératrice lorsqu'elle est de 6 fr. 50 par quintal métrique de farine panifiée. Au contraire, la prime des boulangers de Moulins est de 13 francs. On voit donc que la taxe est maniée par les maires de la façon la plus injuste.

Si les boulangers n'avaient contre eux que l'incompétence des magistrats municipaux, on pourrait dire qu'il n'y aurait que demi-mal. Les boulangers sont tous les jours victimes des préjugés, des passions locales, des désirs de popularité.

A la suite d'une mauvaise récolte, la farine augmente et les boulangers augmentent leur pain ; alors les maires taxent. L'année dernière à Paris le cours des farines a subi un relèvement de 11 fr. par sac, ce qui représente comme prix de revient de la farine nécessaire pour 2 kil. une augmentation de 11 centimes. Les boulangers ont augmenté leur pain.

Souvent des conseils municipaux ou des maires veulent se donner un certain vernis de popularité, et rétablissent la taxe. Cela s'est produit à Marseille en 1887. Une commission municipale a été nommée en remplacement du conseil municipal dissous. Cette commission voulait se présenter aux suffrages des électeurs et, pour donner satisfaction aux populations ouvrières, dont elle entendait solliciter les voix, elle a rétabli la taxe du pain à Marseille et pendant une période de 18 mois, les 600 boulangers de Marseille ont eu à subir une taxe extrêmement lourde, rigoureuse.

A Saint-Ouen, en 1887, le même phénomène s'est produit. Plusieurs boulangers ont été déclarés en faillite, un autre est devenu fou, un autre encore s'est suicidé. La plupart des conseillers municipaux étaient les débiteurs des boulangers ; l'un d'eux qui devait une somme de 140 francs a demandé, lorsqu'il a été appelé devant le juge de paix, un délai de trois ans pour se libérer de cette somme.

A Saint-Leu-Taverny, en 1888, un groupe de conseillers municipaux qui se présentaient aux suffrages de leurs concitoyens, mettaient dans leurs circulaires : si vous nous faites l'honneur de nous envoyer siéger au conseil municipal, nous vous promettons de demander la taxe et de la maintenir énergiquement. Ces candidats ont été nommés, et un dessinateur en tissus, qui gagne 80 ou 100.000 fr. par an, a rétabli la taxe et imposé une réduction de 5 centimes par pain de 2 kil.

A Saint-Denis, la taxe a été rétablie à la suite de pétitions colportées d'ateliers en ateliers. Il y a eu pillage des boutiques.

Les partisans de la taxe eux-mêmes disent : il est bien certain que la législation actuelle ne peut pas être maintenue, et si on n'abroge pas la loi de 1874, il faut donner des garanties aux boulangers. Il s'est trouvé, à la Chambre, des députés conservateurs qui voudraient imposer obligatoirement la taxe; ce ne seraient plus les municipalités qui l'appliqueraient, mais l'État, qui créerait certaines catégories de villes suivant leur importance, et qui fixerait la taxe pour ces différentes catégories. Je trouve dans cette proposition la preuve que le régime qui pèse sur la boulangerie est injuste. La taxe pousse d'ailleurs les boulangers à recourir à des moyens que l'honnêteté condamne ainsi que la loi. Je vois, dans une séance de la commission départementale du 28 novembre 1853, que, depuis vingt ans, la prime de cuisson n'avait pas changé malgré les réclamations de la boulangerie. Un membre faisait remarquer que les boulangers s'indemnisent d'une autre façon, notamment par la fraude, et il disait que, sur 1200 boulangers dans le département de la Seine, il y en avait 600 envoyés tous les ans devant les tribunaux pour fraude. Aujourd'hui, si vous consultez les annales des tribunaux, vous n'y verrez que très rarement le nom d'un boulanger. Cela se comprend. L'homme qui trouve dans son travail une rémunération légitime n'a pas besoin de recourir à certains procédés et vend son pain loyalement, sans fraude.

Autrefois, il y a cent ans, le prix du pain était le même qu'aujourd'hui, mais les salaires étaient quatre fois moindres. On comprend quelle était alors l'importance du prix du pain sur la journée de travail destinée à faire vivre toute la famille. Aujourd'hui, il ne serait pas sérieux de soutenir que la dépense du pain fait une large brèche dans le budget de l'ouvrier. M. Léon Donnat a calculé que la moyenne des salaires des ouvriers est au moins de 7 francs. Quand l'ouvrier a prélevé le prix d'un pain de 2 kil., il lui reste encore les 6/7 de sa journée. Par conséquent, la dépense du pain n'a pas le caractère qu'elle avait il y a cent ans. La dépense des vêtements, du loyer, a une importance beaucoup plus considérable.

On prétend que la concurrence n'existe pas. Il suffit d'ouvrir les yeux et de voir ce qui se passe dans l'intérieur des villes où le pain est affiché à tout prix et notamment à Paris où il va de 60 centimes à 80 centimes.

On prétend que les syndicats s'entendent, se concertent, c'est le moindre de leur souci. Le syndicat de la boulangerie de Paris ne s'est jamais préoccupé de la question du prix du pain. Il en est de même des syndicats de province. Si ces syndicats existent, c'est parce qu'il y a un lien de cohésion : la législation sur la taxe. Le jour où cette législation disparaîtrait, je crains bien que les trois quarts des syndicats cesseraient d'exister.

Les boulangers ne peuvent pas faire grève. Le lendemain, la moitié des boulangers feraient bande à part et ouvriraient leur boutique. Il y a une grève qui pourrait obliger les maires à accepter la taxe proposée par les boulangers : ce serait la grève du crédit, le refus par les boulangers de continuer les crédits qui permettent aux familles d'ouvriers de traverser les jours de chômage.

Condorcet, dans sa vie de Turgot, nous rapporte un exemple qui démontre que ce n'est pas seulement de notre temps que la liberté de vente du pain donne d'excellents résultats au point de vue du bon marché. Turgot était intendant du Limousin. Le pain augmenta et Turgot supprima la taxe, ce qui donna les meilleurs résultats.

Je vous demande pardon, Messieurs, mais je suis très fatigué.

Plusieurs voix. — Reposez-vous un moment.

M. BALANDREAU. — Le plus grand mangeur de pain ne paie pas 20 francs pour que son boulanger lui fabrique pendant un an son pain.

J'ai là deux échantillons de pain : l'un de 80 centimes les deux kil. et l'autre de 60 centimes. Si, par suite de la taxe à Paris, on obligeait le boulanger à vendre 75 centimes son pain de 0,80, il emprunterait un peu de farine au pain de 0,60. Le consommateur sera donc victime de la taxe. L'ouvrier avant tout veut un pain qui soit blanc, qui soit à son goût. La Ville de Paris distribue aux indigents des bons de pain de 0,30, mais jamais ils ne vont chez le boulanger qui leur vendra du pain de 0,60. Ils en auraient pourtant davantage.

Il y a aussi des injustices : les maires ne se contentent pas de taxer, ils assaisonnent quelquefois cette taxe. Il y a quelques années, le maire de Compiègne contrariait aussi le goût du public, en disant aux boulangers : vous ne mettrez votre pain en vente que 12 heures après sa sortie du four, ce qui revenait à dire au public : vous ne mangerez que du pain rassis.

A Nogent-sur-Marne, en 1888, le maire avait taxé la prime de fabrication à 2 francs au-dessous des localités voisines. La farine se vendait de 52 à 58 francs. Les boulangers ont pris de la farine à 52 francs. Le public a dit aux boulangers : nous aimons mieux payer plus cher, faites-nous du pain supérieur. Les boulangers ont fait un pain qu'ils ont appelé pain gruauté. Le public a préféré acheter ce pain à 5 centimes au-dessus de la taxe. Le maire de Nogent a fait pleuvoir les assignations : j'en ai 114 entre les mains. Il a dit aux boulangers : vous commettez une infraction à mon arrêté, je vous envoie en simple police, et il s'est trouvé un juge qui non seulement a décidé que le maire avait le droit de taxer, mais qu'il avait encore le droit de déterminer la qualité du pain que les boulangers devaient mettre en vente.

C'est là une entrave à la liberté du consommateur qui ne peut plus manger le pain qu'il veut.

L'intérêt des meuniers et des cultivateurs est également de demander la suppression de la taxe. Il y a quelques années, la situation de la meunerie était des plus fâcheuses. Le goût du public étant tourné vers le pain blanc qui est le plus nourrissant, la meunerie française s'est trouvée distancée par la meunerie hongroise. Les meuniers français ont donc transformé leur outillage. A Paris, la farine est blutée à 64 %, c'est-à-dire que, sur une quantité de blé déterminée, on prend 64 parties de ce blé pour en faire de la farine destinée à la fabrication du pain de Paris. En province, la farine est blutée à 75,80 et 85 %. A Neufchâteau, le maire a prescrit de bluter à 76 % la farine du pain blanc, et à 79 % celle du pain non blanc. Il y a un écart considérable entre le taux de blutage pour Paris et pour les départements. On consomme donc 1/7 de plus de blé dans les départements qu'à Paris. Avec la suppression de la taxe, la consommation du blé deviendrait plus forte. L'agriculture se trouverait donc favorisée. La production du blé augmente dans des proportions extraordinaires. M. Tisserand, directeur de l'agriculture, disait dans un de ses discours : La production moyenne de l'agriculture française qui était, il y a quarante ans, de 68 millions d'hectolitres de froment, s'est élevée progressivement à 81, 89, 98, 100 millions. Dans les quatre dernières années, elle a atteint le chiffre moyen de 110 millions d'hectolitres. Nous sommes encore obligés d'emprunter 22 millions d'hectolitres à la production étrangère. Il arrivera donc un jour où les droits de douanes à la frontière seront inutiles, et l'abaissement du produit sera le résultat de l'excès de la production intérieure.

Je vous demande pardon de vous avoir présenté ces renseignements sous une forme aussi défectueuse.

M. Passy. — Nous n'admettons pas du tout cette défectuosité.

Permettez-moi, M. Balandreau, de vous remercier de cet exposé si complet. Si vous vous êtes aperçu de votre fatigue, ce que nous regrettons, nous ne nous en sommes pas aperçu le moins du monde.

M. Raffalovich. — Je voudrais demander à messieurs les boulangers, s'il est exact que plus le blé est bon marché, plus leur bénéfice est considérable.

Un membre. — Quand la farine augmente, nous n'augmentons pas de suite, nous mettant dans la situation de l'ouvrier péniblement atteint par un surcroît de dépenses. Si la farine diminue, nous diminuons immédiatement le prix du pain.

Un membre. — Comme ancien boulanger, je puis dire que les boulangers n'aiment pas à augmenter le pain.

Il y a d'ailleurs beaucoup de concurrence, mais avec la taxe, le consommateur perd le bénéfice de la concurrence. Le maire devient la providence du boulanger.

Un membre. — Pour répondre à M. Raffalovich, je dirai que lorsque la farine est à bon marché, les boulangers profitent de la facilité qu'ont leurs clients d'acheter beaucoup plus de pain de fantaisie.

M. Raffalovich. — La conclusion est tout indiquée : pour que vous fassiez les plus grands bénéfices, il faut que la farine soit très bon marché.

M. Passy. — Puisque nous sommes tous d'accord, et si personne ne demande la parole sur cette question, nous allons passer, si vous le voulez bien, à la taxe de la viande.

Un membre. — M. Comby est retenu à l'audience, ce que je regrette beaucoup, mais je crois qu'il n'y aurait pas grande discussion après la discussion qui vient d'avoir lieu pour la taxe du pain.

M. PASSY. — Si vous aviez des détails particuliers, nous vous serions reconnaissants de nous les faire connaître.

Un membre. — La taxe fait du tort à l'agriculture qui n'engraisse plus, puisqu'elle ne peut plus vendre.

Un membre. — Les maires sont assez embarrassés pour établir cette taxe.

Un membre. — Il est assez difficile de faire une moyenne, les bœufs de basse qualité valant 50 centimes et les autres 75. Les représentants eux-mêmes de la boucherie ne pourraient pas faire de taxe.

M. PASSY. — Je crois que, sous l'Empire, on était arrivé à des résultats étranges, c'est-à-dire que la configuration des animaux était changée, et la quantité des morceaux de première catégorie était considérablement augmentée. Cela tournait donc toujours au détriment du consommateur.

M. Henri PENSA. — Je prie Monsieur le Président de demander à Messieurs les boulangers pourquoi les prix du pain n'ont point diminué alors que les cours du blé baissaient, et à Messieurs les bouchers pourquoi l'écart entre le prix de la viande abattue et le prix de la viande sur pied est de 60 et de 100 %?

M. PASSY. — Vous venez d'entendre les deux questions. Je crois entrevoir, et j'ai signalé les raisons de ces anomalies apparentes, et je serais bien aise de les voir expliquer d'une façon bien claire pour tout le monde. On pourrait prier un de ces Messieurs les boulangers de répondre pour le pain et un des représentants de la boucherie pour la viande.

Un membre. — A certaines époques de l'année, la différence entre le prix de la farine et le prix du blé est assez large, mais elle n'est pas régulière comme celle qui existe entre le prix de la farine et le prix du pain.

Les blés baissent parce qu'ils sont abondants sur le marché, il y a des offres énormes. C'est à peu près le seul moment où le meunier peut gagner de l'argent, mais il y a un grand écart entre le prix du blé et celui de la farine.

Si le prix du blé a diminué, le prix de fabrication a augmenté : es frais généraux, le loyer, la main-d'œuvre, etc.

M. Pensa. — Ce qu'il faut considérer principalement ici, Messieurs, ce n'est pas l'intérêt de l'honorable corporation des boulangers, c'est l'intérêt des consommateurs, celui que défendent toujours les économistes. Pour les consommateurs, on a réclamé l'abolition des droits de douane sur les grains étrangers et on s'écriait : vous voulez relever ou maintenir les cours du blé en faveur des agriculteurs, vous allez élever le prix du pain, vous porterez un grave préjudice à tous, puisque tout le monde en mange. Eh bien ! il faut le reconnaître, les prix du pain n'ont pas conservé avec les prix du blé un écart constant; quand les prix du blé diminuaient rapidement, les prix du pain se maintenaient ou bien suivaient lentement et faiblement cette dépression du prix de la matière première. La boulangerie bénéficiait seule de la décroissance du prix du blé.

Parlez-nous du prix de la farine, me dites-vous ; mais sans nous arrêter à l'examen des cours de la farine, vous ne pouvez nier qu'il y ait entre le blé et le pain une corrélation nécessaire : il est inadmissible que la baisse du prix du blé ne profite qu'aux boulangers et que les consommateurs de pain ne bénéficient point de prix moins élevés. Et remarquez, Messieurs, qu'il n'en a pas toujours été ainsi, et que jusqu'en 1863, jusqu'au moment où la réglementation spéciale à la boulangerie a disparu, il en était autrement. Le prix du pain suivait alors le prix du blé, et pourtant, au lieu d'un régime de liberté absolue, c'était le régime restrictif qui vous était appliqué. Il y a lieu d'en être surpris, surtout quand on ne veut voir en dehors de la liberté complète que perturbations économiques. Si on examine cette question sans aucun parti pris, on trouve facilement le motif, les motifs de ce désaccord étrange entre le pain et le blé.

Avec le régime d'avant 1863, vous n'étiez qu'un nombre limité de boulangers, par conséquent, vous aviez une clientèle presque assurée. Si on divise le nombre de la population par le nombre des boulangers, on voit que vous aviez chacun environ 1800 habitants à fournir, tandis qu'aujourd'hui vous avez seulement 1300 clients, en moyenne. Si on tient compte de l'augmentation générale des loyers, du prix de la main-d'œuvre, il est facile de voir que vos frais généraux se sont accrus considérablement; vous devez y faire face, et c'est la raison du maintien du prix du pain à des taux relativement élevés quand le prix du blé a notablement décru.

Ainsi, la réglementation d'avant 1863 avait quelques heureux résultats : le rôle de l'État n'est pas toujours perturbateur. Si le régime de liberté a jusqu'à présent donné ce mauvais résultat, vous devez y prendre garde, car ce régime sera transformé. La situation du commerce subit depuis quinze à vingt ans une révolution qui s'étendra un jour aux commerces de la boulangerie et de la boucherie : cette révolution ruine les petits commerçants, fait progresser les grands établissements.

Des boulangeries coopératives se créeront et réussiront comme celle d'Angoulême : alors seulement le prix du pain deviendra si faible qu'on pourra dire qu'il absorbe une très petite part du salaire de l'ouvrier.

Jusque-là, c'est inexact; on n'a pas le droit de dire que l'ouvrier ne s'intéresse pas à l'économie de quelques centimes, et que la bonne qualité l'intéresse bien davantage que le bas prix du pain.

Sans doute, vous et moi, Messieurs, nous mangeons du pain de bonne qualité, mais nous devons reconnaître que le petit ouvrier des bourgs et des campagnes est toujours heureux de trouver, pour lui et sa nombreuse famille, du pain à bon compte ; qu'il faut arriver à lui procurer du pain au meilleur compte possible.

Si vous n'y parvenez pas de vous-mêmes, au lendemain d'une crise, quand la cherté aura sévi plus durement, vous verrez certaines municipalités favoriser directement ou indirectement les boulangeries coopératives, et ce sera votre ruine.

La situation qui vous est faite actuellement avec le maintien de la taxe facultative est la meilleure qui vous soit offerte. Les maires, et il y en a beaucoup, contrairement à l'avis de l'honorable rapporteur, qui assurent la bonne administration de leurs communes avec équité et impartialité, les maires n'abusent presque jamais de ce pouvoir de taxer.

Il est normal qu'ils puissent imposer un chiffre maximum au prix de la marchandise dont l'achat, loin d'être facultatif, est pour tous une nécessité.

M. Lecomte. — Je suis partisan du régime de la liberté, mais je regrette que l'on fasse parler les graphiques comme on le veut. Il est certain que l'écart depuis soixante ans a augmenté de 60 %.

Vous avez des frais généraux élevés. Le chiffre des boulangers augmente d'une façon considérable. Le décret de 1861 fixait un boulanger par 1,876 habitants. Depuis vingt-cinq ans, le chiffre des boulangers a augmenté de 106 %, tandis que l'augmentation de la population n'a été que de 40 %.

La boulangerie n'est pas entrée dans la voie du progrès. Votre outillage est encore primitif. Nous avons ici, à côté, la boulangerie hollandaise avec des fours à chauffage extérieur, où circule l'air chaud. Ces boulangers économisent sur le bois de 66 à 68 %.

Quant aux boucheries, c'est bien autre chose. Je suis éleveur, je vends des animaux. Les bénéfices des bouchers sont considérables.

L'écart entre le prix des animaux sur pied et dans les boucheries est tel qu'on se demande si on ne va pas fonder des boucheries coopératives. Le mouvement se dessine dans bien des pays de France.

M. PASSY. — Je vous demande la permission de présenter quelques observations. MM. Pensa et Lecomte viennent de signaler l'écart de plus en plus considérable, disent-ils, qui existe entre le prix du blé et le prix du pain, entre le prix de la viande sur pied et chez le boucher. Je crois qu'il y a du vrai.

Pour le pain il faut, comme on l'a déjà fait remarquer, distinguer entre le blé qui n'est pas l'élément immédiat de la fabrication du pain et la farine. Le boulanger ne connaît que la farine, ce qui ne veut pas dire que le prix du blé lui soit indifférent. Le boulanger n'achète que la farine pour faire le pain. Il y a cependant un rapport inévitable entre le prix originaire du grain et le prix de la farine qui se fait avec ce grain. Il y a de même un rapport entre le prix de la farine et le prix du pain. Mais il faut remarquer que le prix de la farine n'est que l'un des éléments du prix du pain, l'un des principaux, mais seulement l'un des éléments. M. Lecomte a très bien fait remarquer que tous les frais généraux augmentaient. Le public, lui, s'étonne que le prix du pain ne suive pas plus exactement le prix de la farine.

Je ne veux pas traiter la question de la viande, mais si vous trouvez que les bouchers font de trop gros bénéfices, pourquoi ne feriez-vous pas, comme le disait M. Lecomte, des sociétés coopératives ? Je sais que, quoique le procédé soit très naturel, il n'est peut-être pas d'une application aussi facile qu'on se le figure : il y a les difficultés d'achat.

Quant aux boulangers, s'il y en a trop, c'est un peu la faute du client qui désire avoir un boulanger à sa porte, qui exige même qu'on lui porte le pain chez lui, et qui aime mieux le payer un peu plus cher que d'aller le chercher un peu plus loin.

M. Lecomte a parlé de l'imperfection de votre outillage. C'est l'industrie qui a fait le moins de progrès. On disait encore, il y a vingt-cinq ou trente ans, qu'on faisait le pain comme à l'époque des Pharaons. Est-ce que vous croyez que la taxe n'est pas une des causes de cela ?

Quant aux boulangeries coopératives, je les connais. J'en ai même vanté quelquefois. Il y en a une à Angoulême.

Je ne réponds pas d'une façon suivie aux observations présentées. Je cherche seulement à donner quelques explications. Je ne voudrais pas laisser passer sans répondre les observations de MM. Pensa et Lecomte qui disaient qu'avant 1863 l'écart était moins considérable, et qu'il l'est davantage sous le régime de la liberté. Mais il y a surtout quelque chose qui intéresse le consommateur et le producteur : c'est d'être autant que possible à l'abri des brusques variations, d'avoir un prix qui est devenu à peu près normal, qui ne subit plus que de légères fluctuations. Si j'avais pu prévoir ces observations, j'aurais apporté des tableaux dressés par un de mes anciens camarades. Ces tableaux montrent que plus la facilité des communications se développe, plus aussi le régime de la liberté prévaut, moins il y a d'arbitraire dans la législation, plus les prix tendent à se rapprocher et pour différentes localités dans une même année, et pour différentes années dans un même territoire.

Quant à dire que le prix est la chose essentielle du consommateur et que la qualité n'est en réalité qu'une chose secondaire, je me permets sur ce point d'être d'un avis absolument opposé. La qualité est le premier souci du consommateur. Il comprendra qu'il vaut mieux payer un peu plus cher de la bonne marchandise. Après qu'on eut proclamé la liberté de la boulangerie, c'est-à-dire après 1863, le maire de Montpellier me disait que, depuis que la boulangerie était libre, la population avait pris l'habitude de comparer les différents pains, et qu'elle n'achetait pas toujours le meilleur marché, mais le plus avantageux ou le plus agréable.

Pour la question des réserves, rappelez-vous Lyon passant quatre ans avec huit jours de vivres sans jamais s'en être douté, parce que le commerce, par son mouvement naturel, avait toujours maintenu les approvisionnements au chiffre à peu près invariable de huit jours de grains et de farine. D'ailleurs, en faisant des réserves, on pourrait effrayer les populations et en outre on fait le vide sur le marché. C'est ce qui a fait dire au siècle dernier à Turgot que les greniers d'abondance devraient être appelés des greniers de disette, et ce qui a fait dire également que les meilleures provisions sont chez les marchands parce qu'ils n'ont d'autres préoccupations que de vendre leur marchandise au meilleur moment, dans les meilleures conditions. Avec des réserves, on est d'ailleurs exposé à les gaspiller, suivant le proverbe : provision, profusion.

Le système qui présente le moins d'inconvénients est donc celui de la liberté. C'est ce système qui servira le mieux les intérêts du consommateur, de la meunerie, de l'agriculture.

J'ai oublié de dire que l'une des causes de l'écart entre le prix du blé et du pain était précisément le progrès de la fabrication du pain. Si de 100 kil. de blé vous ne tirez plus que 65 ou 70 kil. de farine, au lieu d'en tirer 90, vous augmentez dans des proportions importantes votre déchet, et il doit donc y avoir entre le pain et le blé un écart beaucoup plus considérable, puisque 100 kil. de blé ne vous fournissent que 2/3 de pain, tandis qu'autrefois ils vous en fournissaient plus des 3/4.

Un membre. — Au nom de la boulangerie, je ne suis pas de l'avis de M. Pensa et je crois que les approvisionnements seraient plutôt en faveur de l'augmentation du pain que du bon marché.

M. PENSA. — Je me suis permis de parler de ces questions, parce que j'ai vu sur le programme que le rapporteur était avocat, c'est-à-dire un confrère, et j'ai cru que je pouvais émettre mon avis comme lui.

M. BALANDREAU. — C'est une bonne fortune pour la boulangerie que d'avoir aujourd'hui devant elle un de mes confrères qui se déclare très nettement et très franchement le partisan de la taxe du pain. Mais tout ce que vous a dit mon confrère manque de portée pratique. Je lui demande à lui, partisan de la taxe, de faire ressortir un avantage appréciable pour le consommateur.

Mon confrère dit que la population est indifférente à la qualité du pain. Voici un boulanger qui vend 15 pains à 0,60 et 300 pains à 0,80. Le public n'est donc pas indifférent.

M. Henri PENSA. — L'honorable rapporteur, vous montrant deux morceaux de pain de qualités et de prix différents vient de vous dire : D'ailleurs la taxe n'inquiète guère le boulanger, c'est le consommateur qui en subit les conséquences. Le boulanger enlèvera un peu de la farine au pain inférieur et il pourra présenter aux clients du pain au prix fixé par la taxe. Il fera du pain de luxe au goût des consommateurs.

Eh bien ! Messieurs, puisque la taxe ne vous gêne en rien, ne l'accusez point d'être la cause des faillites, d'être un embarras dans vos affaires. Qu'elle ne vous préoccupe aucunement. Mais alors pourquoi tant d'animation de votre part, dans un débat qui ne touche point à vos intérêts ?

Quant au maintien de la taxe facultative, je vais, je crois, en justifier la nécessité par ces motifs : en automne, les grandes manœuvres ont lieu; chacun les a suivies : or il m'est arrivé d'entendre dire, dans chaque ville où je suis passé, lorsque mon tour est venu, ces mots presque toujours les mêmes : « Voici la troupe ; tous les prix vont hausser, même pour les habitants, et le prix du pain va monter, ainsi que celui de la viande. »

Dans ce cas, et dans bien d'autres de même, il est normal, il est indispensable que le maire puisse immédiatement taxer le prix de ces matières indispensables : qu'il s'entoure de renseignements, qu'il fasse une application équitable de la loi de 1790, je le désire comme vous; qu'il puisse taxer, d'une manière exceptionnelle lorsque la nécessité sera urgente ; c'est indispensable.

Je me hâte d'ajouter que la pratique de taxer le prix du blé et celui de la viande tend en fait à disparaître ; elle tombera en désuétude lorsque la concurrence, les facilités de transport, les sociétés coopératives se seront développées. Personne ne songera plus à y recourir, parce que les prix ne pourront plus hausser au gré de quelques marchands, comme il peut arriver dans les petites localités.

Vouloir brusquement supprimer cette taxe facultative serait vous exposer à une réglementation bien plus sévère, à une concurrence soutenue même par les municipalités, et ruineuse pour vous, le jour où, seuls maîtres du prix du pain, vous auriez été amenés à hausser les cours, c'est-à-dire à tenir dans une situation difficile tous ceux qui ont besoin de pain, et de pain à bon marché.

Un membre. — M. Pensa nous a dit que le prix de la viande n'avait pas diminué en proportion du prix sur pied. Il y a quarante ans le prix de la viande ne variait pas autant, parce que les morceaux inférieurs se vendaient presque comme les premiers morceaux. Aujourd'hui les abats d'un bœuf ne se vendent plus que 60 francs au lieu de 120 francs. Le suif ne se vend plus que trois ou quatre sous la livre. On est donc forcé de vendre plus cher. M. Donnat a vu des livres de boucherie et il a pu voir que les bouchers ne gagnaient pas tant d'argent que cela. On dit que les bouchers gagnent 50.000 francs par an; en moyenne ils gagnent 5 à 6000 francs.

Quant aux coopératives, nous ne les craignons pas. La boucherie est un métier qu'il faut faire par soi-même. Les coopératives n'ont jamais pu réussir. Si nous n'avons pas plusieurs maisons à la fois, c'est parce qu'il est impossible de les mettre sous la gérance des étrangers. Quant aux boucheries municipales, je n'ai pas à en parler. Nous sommes commerçants et nous demandons la liberté du commerce pour tout le monde.

M. RAFFALOVICH. — Nous devons remercier M. Pensa d'avoir animé le débat.

Un membre. — On parle de coopératives, mais il faut des capitaux et on ajoute qu'il faut l'appui de l'administration. En 1820, il y avait à Montrouge une très grande boulangerie dans laquelle on employait les chiens comme moteurs. On a voulu y faire une démonstration colossale de boulangerie coopérative, je dirai même municipale, même de l'État, si vous le voulez.

On avait donné à cette boulangerie comme clients l'École polytechnique, toutes les casernes, les pompiers, une très grande partie des collèges. Un capital de 400.000 francs a été enfoui dans cette maison, deux familles s'y sont ruinées. Il y avait des frais de transports et cela est énorme.

J'ai l'honneur d'être expert à la boulangerie Scipion. Il est évident que cette boulangerie a de grands avantages : un propriétaire qui ne réclame pas d'impôts, le gaz, les adjudications, etc.

M. FOURNIER DE FLAIX. — Il n'y a pas, à mon avis, de corporation qui rende plus de services à la population que les boulangers, aussi bien dans les campagnes que dans les villes. On a fait allusion au crédit que font les boulangers. Ce crédit est souvent cause de leur gêne et même quelquefois de leur ruine.

La séance est levée à six heures.

SIXIÈME SÉANCE. — 9 JUILLET 1889

La séance est ouverte à deux heures et demie, sous la présidence de M. Frédéric Passy.

M. Lalande donne lecture du rapport suivant :

Le programme du Congrès comprend un paragraphe ainsi conçu :

« *Les Primes à l'Exportation : Convention sucrière.* »

Il est difficile de traiter ce sujet important d'une manière suffisante, sans dépasser un peu les bornes qui paraîtraient résulter des termes employés par le programme.

Nous tâcherons toutefois de nous y maintenir aussi strictement que possible, et ne nous en écarterons que pour traiter le sujet indiqué, avec une clarté suffisante.

Nous dirons d'abord quelques mots de la *Convention sucrière,* et, sans entrer à son sujet dans des détails superflus, nous nous bornerons à en indiquer brièvement l'origine, les dispositions et le but.

La convention sucrière a eu deux causes principales pour origine : la première, une forte agitation créée par les raffineurs anglais et appuyée par les représentants des colonies à sucres de l'Angleterre au sujet de la situation extrêmement difficile qui leur est faite et des difficultés qu'ils éprouvent à soutenir la concurrence, par suite des primes d'exportations accordées d'une manière directe ou indirecte par tous les grands pays producteurs de sucre en Europe, et qui ont pour résultat de permettre l'exportation de ces sucres au-dessous de leur prix normal.

On estime en effet, et nous ne croyons pas ce chiffre exagéré, à 225,000,000 francs les primes accordées par les divers gouvernements de l'Europe pour favoriser l'exportation de leurs sucres.

Il est facile de comprendre que les raffineurs anglais et les producteurs de sucre des colonies anglaises se soient élevés contre un pareil état de choses, qui porte un si grave préjudice à leurs intérêt.

La deuxième cause de la convention sucrière a été que les divers États de l'Europe, sentant combien ce système de primes est déplorable, avaient résolu d'arriver à une entente commune avec l'Angleterre pour faire cesser cet état de choses, et le moyen qu'on avait trouvé, en faisant la convention sucrière, pour mettre un terme au système général des primes, était que l'Angleterre, où presque tous ces sucres primés sont exportés, et tous les pays signataires de la convention frappassent d'exclusion les sucres provenant de pays qui auraient maintenu les primes, tout au moins de droits supérieurs à ces primes.

Après la signature de la convention entre l'Angleterre et les principaux pays producteurs de sucre d'Europe, le gouvernement anglais a soumis cette convention à la Chambre des Communes pour avoir son approbation.

Mais ce projet de loi, présenté dans l'intérêt des raffineurs et des producteurs de sucres coloniaux anglais, a soulevé en Angleterre une véritable tempête de l'opinion. Le gouvernement anglais, en conséquence, a été forcé d'abandonner le projet.

Il est facile de comprendre que le public anglais ait fait cette opposition à la convention. — Il a fait un raisonnement très simple, à savoir que, puisqu'il convenait aux divers États du continent européen d'avoir chez eux une législation sucrière qui aboutissait à donner une prime d'exportation de 225 millions, qui diminuait d'autant le coût de cette denrée pour les consommateurs anglais, il fallait bien se garder de mettre un terme à un pareil état de choses qui équivaut à un cadeau ou à un tribut de 225 millions par an, fourni à l'Angleterre par les États de l'Europe.

Voilà pourquoi le public anglais a repoussé la convention ; il y avait un intérêt évident et énorme.

On sait que, depuis 1874, le sucre ne paie pas de droits en Angleterre ; il en est résulté un développement immense de la consommation ; des importations énormes sont arrivées de tous les points du globe, et cela, joint au développement de la production de sucre de betterave en Europe, et au fonctionnement du système des primes, a eu pour conséquence de faire tellement baisser le prix des sucres en Angleterre, que certaines qualités de sucre se sont vendues à 10 ou 12 francs les 50 kilos, c'est-à-dire à peu près au prix de l'avoine, et les meilleures qualités se vendaient en même temps 20 à 25 francs les 50 kilos.

Par suite de ces bas prix, la consommation du sucre en Angleterre s'est élevée comme suit :

En 1873 (dernière année où des droits existaient), environ........................... 700.000 tonnes

En 1888............................... 1.100.000 —

c'est-à-dire environ 30 kilos par habitant, tandis qu'en France la consommation n'est que de 10 kilos par habitant aussi.

Enfin, grâce à ces bas prix, on emploie des quantités importantes de sucre en Angleterre pour l'engraissement des bestiaux.

On comprend que les consommateurs anglais aient trouvé bon de perpétuer un pareil état de choses; mais si les grands pays producteurs de sucre en Europe comprenaient leurs véritables intérêts, ils feraient entre eux, et au besoin sans recourir à l'Angleterre, une convention ayant pour but de mettre partout un terme au système des primes à l'exportation des sucres, qui sont un véritable désastre pour les contribuables européens, qui ont ainsi à fournir les 225 millions dont nous parlions plus haut.

Après avoir exposé aussi brièvement que nous l'avons pu en quoi consistait la convention sucrière, nous allons exposer l'état de la législation française et son influence sur les prix.

Mais au préalable, il nous paraît utile d'indiquer brièvement quelques chiffres de statistique qui peuvent aider à l'intelligence générale de la question.

Production générale du sucre dans le monde

1° *Production du sucre de canne.*

	1872 tonnes	1887 tonnes
Java.......	207.842	398.831
Guyane française et hollandaise..	12.846	8.458
Cuba......................	711.795	646.588
Manille....................	91.701	173.918
Porto-Rico..................	89.559	81.355
Brésil.....................	157.809	270.692
Martinique.................	39.699	39.582
Guadeloupe.................	31.786	54.940
Réunion...................	33.100	31.389
A reporter...............	1.375.837	1.708 753

	1872 tonnes	1887 tonnes
Report..........	1.375.837	1.705.753
Louisiane....................	69.800	90.562
Égypte.......................	20.359	48.283
Maurice..................	124.806	102.398
Inde anglaise.................	21.279	48.606
Natal.......................	7.097	9.060
Australie....................	5.347	107.000
Jamaïque....................	24.888	28.756
Barbade	27.516	61.895
Trinitad....................	51.546	69.140
Guyane anglaise..............	62.709	134.875
Pérou.......................	»	30.000
Hawaï.......................	»	101.712
Petites Antilles anglaises........	»	51.617
Chine.......................	»	118.000
Mexique	»	30.000
République Argentine..........	»	33.000
Haïti.......................	»	11.946
Antilles danoises..............	»	13.074
Divers pays	»	10.058
TOTAUX GÉNÉRAUX.....	1.791.184	2.805.735

2° *Production du sucre de betterave*

	1880-1881	1888-1889
Allemagne	569.000	975.000
France.......................	333.000	475.000
Autriche-Hongrie	498.000	550.000
Russie et Pologne..............	250.000	510.000
Belgique.....................	69.000	140.000
Hollande .... }	30.000	45.000
Divers pays........... ... ... }		55.000
TOTAUX........	1.749.000	2.750.000

RÉCAPITULATION :

Production du sucre de canne en 1887........ 2.805.735 tonnes
  »   »   de betterave en 1888-89. 2.750.000

TOTAL GÉNÉRAL............. 5.555.735 tonnes

Consommation générale du sucre dans le monde

États-Unis	1.500.000	tonnes
Royaume-Uni	1.110.000	—
France (y compris les sucres destinés au sucrage des vins)	450.000	—
Allemagne	330.000	—
Russie et Pologne	450.000	—
Autriche-Hongrie	280.000	—
Hollande	60.000	—
Belgique	40.000	—
Suède et Norvège	50.000	—
Espagne, Portugal et Italie	170.000	—
Autres pays d'Europe	70.000	—
Australie	120.000	—
Autres pays	580.000	—
Total	5.210.000	tonnes

Il résulte du tableau qui précède que la consommation du sucre est à peu près comme suit par habitant :

États-Unis	25	kilogr.
Angleterre	30	—
France	10(1)	—
Allemagne	7 à 8	—
Autriche-Hongrie	6	—
Hollande	15	—
Belgique	7	—

On voit combien la consommation du sucre en France est minime, eu égard à celle des États-Unis et surtout de l'Angleterre.

Sans doute, les habitudes spéciales de ces deux derniers peuples, et notamment l'usage général du thé en Angleterre, peuvent expliquer partiellement cette différence de consommation dans les deux pays.

Mais on a la preuve évidente que c'est la suppression des droits qui a déterminé en Angleterre l'accroissement immense de la con-

______

(1) Déduction faite du sucre employé pour le sucrage des vins.

sommation, car la statistique établit que la consommation des sucres a été dans le Royaume-Uni :

En 1873 (dernière année où des droits existaient), environ........................... 700.000 tonnes

En 1888 .... 1.100.000 —

La faible consommation relative des sucres en France, s'explique facilement par l'élévation des droits qui frappent cette denrée, qui est pourtant presque une denrée de première nécessité. Ce droit est, en effet, de 60 francs par 100 kilos, c'est-à-dire plus que l'équivalent de la valeur de la marchandise elle-même sans les droits.

Cette taxe si élevée est perçue sur le consommateur français de deux manières :

1° Au profit du Trésor public pour environ...... 180.000.000

2° Au profit des fabricants et producteurs de sucre pour une somme d'environ.................. 60.000.000

par suite du fonctionnement de notre législation actuelle, qui a pour résultat de permettre aux fabricants et producteurs de sucre de prélever cette prime énorme sur les consommateurs, ainsi que nous allons l'établir en examinant la loi actuelle des sucres et son fonctionnement.

Législation sucrière française. — En 1884, le régime des sucres, en France, a été complètement modifié. Au lieu de percevoir, comme précédemment, l'intégralité du droit au profit du Trésor public sur les sucres fabriqués et consommés, la loi de 1884 modifia l'assiette de l'impôt et stipula que les droits seraient perçus sur la matière brute, c'est-à-dire sur les betteraves mises en œuvre, et d'après la tarification suivante :

1° Le droit sur les sucres bruts et raffinés fut porté de 40 à 60 fr. par 100 kilogr. de sucre raffiné.

2° Les droits sur les sucres, au lieu d'être établis sur les sucres eux-mêmes, furent établis sur la betterave, à raison d'un rendement présumé de 6 kilogr. de sucre raffiné par 100 kilogr. de betteraves, si ces betteraves étaient traitées par le procédé de la diffusion, et de 5 kilog. par 100 kilog. de betteraves, si les betteraves étaient traitées par les presses continues ou hydrauliques.

3° Le rendement devait être graduellement élevé de 6 kil. 250 à 7 kil. de sucre raffiné par 100 kilog. de betteraves, pour les campagnes de 87-88 à 90-91.

4° Les sucres des colonies françaises, importés directement en France, devaient avoir droit à un déchet de fabrication de 12 %.

5° Enfin, les sucres bruts et les sucres non assimilés aux sucres raffinés, importés des pays d'Europe ou des entrepôts d'Europe, ont été frappés d'une surtaxe non remboursable de 7 francs par 100 kilogr.

Cette loi a été modifiée successivement comme suit :

1° Par la *loi du* 27 *mai* 1887. — Par cette loi, le droit de 50 francs sur les sucres, établi par la loi du 29 juillet 1884, fut augmenté d'une surtaxe temporaire de 20 %, c'est-à-dire de 10 francs par 100 kilog. sur les sucres imposables de toute origine, y compris les sucres exonérés de ces droits à titre de déchets de fabrication ou d'excédents de rendement.

C'était un moyen employé pour atteindre, dans une certaine mesure, c'est-à-dire par un droit de 10 francs sur 100 kil., les excédents de fabrication qui étaient exempts de droit, d'après la loi du 29 juillet 1884.

2° Par la *loi du* 4 *juillet* 1887, les rendements présumés des betteraves (d'après la loi du 29 juillet 1884) furent portés à :

7 k. de sucre raffiné pour la campagne...	87-88
7 k. 25 — — — ...	88-89
7 k. 50 — — — ...	89-90
Enfin 7 k. 75 — — — ...	90-91

3° Enfin la *loi du* 24 *juillet* 1888 (la dernière) porte les stipulations suivantes :

ART. 1er. — A partir de la campagne 88-89, les droits sur les sucres bruts et raffinés de toute origine, fixés par la loi du 29 juillet 1884, ont été ramenés de cinquante francs (50 fr.) à quarante francs (40 fr.) par 100 kil. de sucre raffiné.

ART. 2. — A partir de la même époque, une surtaxe temporaire de cinquante pour cent (50 %) a été établie sur les sucres imposables de toute origine, et ont été soumis à une taxe spéciale et équivalente de vingt francs (20 fr.) par 100 kilog. de sucre raffiné, les sucres exonérés de droits à titre de déchets de fabrication ou d'excédents de rendement, en vertu des lois des 29 juillet 1884 et 4 juillet 1887.

Sans entrer ici dans l'examen détaillé des diverses dispositions de loi qui ont été adoptées pour les sucres depuis et y compris la loi de 1884, nous nous bornerons à faire remarquer que ces lois ont toutes eu pour but d'établir des droits sur la matière première, d'après un rendement présumé qui a d'abord été évalué à 5 ou

6 % du poids brut de la betterave, puis porté à 7 % pour être porté ultérieurement à 7.75.

Mais ces rendements présumés ont toujours été très inférieurs à la réalité, d'où il est résulté que les fabricants de sucre ont toujours pu faire deux parts dans leur fabrication, l'une correspondant exactement au rendement présumé et payant les droits au Trésor ; l'autre excédant ce rendement légal et ne payant absolument rien, constituant par cela même des primes plus ou moins importantes en faveur des fabricants de sucre.

D'après les calculs qui ont été faits pour apprécier le montant des primes dont les fabricants ont ainsi bénéficié, on a pu constater que ces primes se sont élevées aux chiffres suivants :

Pour la campagne 84-85.....	25.364.177 francs
—	85-86.....	43.955.072
—	86-87,....	90.779.481
—	87-88.....	68.895.659
—	88-89.....	52.864.808

Telles sont les sommes que le consommateur français a eues à payer comme primes aux fabricants et producteurs de sucre.

La production du sucre de betterave en France, jointe à l'importation des sucres coloniaux et étrangers, dépassant de beaucoup la consommation française, il aurait pu arriver que la concurrence des vendeurs devînt telle que le prix des sucres se serait abaissé de façon à ce que le consommateur profitât d'une partie des primes résultant des excédents non frappés de droits dont nous avons parlé plus haut ; mais, pour éviter cet encombrement, les producteurs et raffineurs déchargent le marché de ces quantités trop considérables par des exportations qu'ils cherchent à rendre assez importantes pour que le marché français ne soit pas surchargé de sucre, et c'est ainsi que l'on a vu habituellement le prix des sucres raffinés coté à deux cours différents, c'est-à-dire à un prix supérieur si les sucres sont destinés à la consommation intérieure, et à un prix inférieur s'ils sont destinés à l'exportation.

Les mercuriales établissent que depuis 1884 les prix pour l'exportation ont toujours été inférieurs au prix des mêmes sucres destinés à la consommation intérieure.

L'écart entre les deux prix n'a souvent été que de 2 francs à 5 francs par 100 kilog., mais cet écart s'est élevé quelquefois jusqu'à 10 francs.

On peut se rendre compte de la position extraordinairement favorable que cette législation fait aux producteurs de sucre si on prend l'exemple suivant :

Supposons un fabricant qui opère sur 10,000,000 kilos de betterave. — La régie devra mettre en charge, au compte de ce fabricant, à raison de 7,50 % (d'après la loi actuelle) 750,000 kilos de sucre raffiné. —

C'est sur cette quantité que l'impôt devra être payé par le fabricant ou garanti par lui. — Toute la quantité qu'il obtiendra en sus ne paiera que la taxe complémentaire, instituée par la loi du 27 mai 1887, et portée de 10 à 20 francs par la loi du 24 juillet 1888.

Supposons qu'au lieu du rendement légal (7,50 %), le fabricant obtienne un rendement effectif de 10 %, ce qui est à peu près le véritable rendement actuel, soit une production de 1 million de kilos, s'il livre le tout à la consommation, il paiera :

    60 fr. sur 750.000 kilog. .... 450,000 fr.
    20 fr. sur 250.000 kilog.................... 50,000 fr.

Or, il vendra ces 250,000 kilog. comme sucre libéré d'impôt ; il bénéficiera donc de l'écart entre le droit plein (60 fr.) et la taxe complémentaire (20 fr.) qu'il aura payée, soit 40 francs qui, pour 250,000 kil., représentent un bénéfice de 100,000 fr. réalisé au détriment du Trésor et du contribuable.

Le consommateur a réellement payé l'impôt (1), mais une part de cet impôt est restée dans les mains du producteur.

Tel est, au point de vue de la consommation intérieure, le jeu de la prime. Le taux en est de 40 fr. par 100 kil. de sucre obtenus en sus du rendement légal.

On peut dire que cette prime n'est pas perçue entièrement par le fabricant de sucre ; qu'une partie est payée par lui aux producteurs de betteraves, qui fournissent des betteraves d'un titrage plus élevé, et qu'enfin, pour exporter la portion des sucres qu'ils produisent, et qui n'est pas consommée en France, ils doivent accepter des baisses de prix relativement aux cours des sucres destinés à la consommation intérieure.

____

(1) Le même sucre brut 88° qui se vend 52 fr. lorsqu'il est passible des droits, vaut 104,25 lorsqu'il en est affranchi. L'écart (52,25) sur 88° correspond bien au droit de 60 fr. les 100 kilog. (Ces cours sont ceux du 1er juin dernier.)

Tout cela est exact dans une certaine mesure, mais il n'en est pas moins vrai que le consommateur français supporte l'intégralité de cette prime de 40 fr. par 100 kilog.

Nous n'avons pas ici à apprécier cette législation sur les sucres au point de vue des réformes qu'il y aurait à y apporter. Nous avons voulu nous borner, pour nous conformer au but que nous avions à poursuivre, à indiquer dans quelles mesures la législation actuelle des sucres pèse sur le consommateur français.

Les résultats sont les suivants :

La consommation totale du sucre est évaluée pour 1889 aux chiffres suivants :

243.000.000 kilos payant 60 fr. les 100 kilos.	145.800.000	
112.000.000 kilos d'excédents payant 20 fr. les 100 kilos.	22.400.000	170.200.000 fr.
20.000.000 kilos déchets de fabrication des sucres coloniaux, à 10 fr.	2.000.000	

Or, le consommateur français paiera, comme nous l'avons exposé plus haut, la totalité du droit, c'est à dire 60 fr. par 100 kilos aux fabricants de sucre et aux raffineurs.

Il paiera donc en sus de la somme perçue par le Trésor.

44.800.000 fr. sur les excédents de sucre indigène,

Et 10.000.000 sur les déchets de fabrication des sucres coloniaux.

Total... 54.800.000 fr. en sus de ce que percevra le Trésor ; et on peut apprécier ainsi que le consommateur français paie aux fabricants et producteurs de sucre une prime d'environ 15 centimes par kilogramme sur tous les sucres consommés en France.

M. Delombre. — A mon très vif regret, j'arrive au moment où se termine la lecture du rapport de notre honorable collègue M. Lalande. J'ai entendu pourtant que le consommateur français paie la somme totale de 54,8 millions, d'où cette comparaison inévitable que le consommateur français paie une prime au fabricant de sucre. Il n'y a pas de question plus compliquée que celle du sucre. Il y a 50 ans, on disait qu'elle faisait le désespoir des législateurs. L'obscurité est encore la même aujourd'hui. Cependant en entendant notre éminent rapporteur traiter la question avec la clarté habituelle de son esprit, on voit peut-être la chose sous un certain jour qui la fait paraître plus simple. En disant que la prime est payée par le consommateur français au fabricant de sucre, on risque d'être à côté de la vérité.

Je vous rappelle que la question du sucre a été mise à l'ordre du jour de notre congrès parce qu'il a pour objet l'étude des moyens de rehaussement ou de diminution du prix des denrées par l'intervention du pouvoir public. La question du sucre est l'un des exemples les plus frappants de cette intervention. Mais il est vrai que, dans certains cas, l'État peut être amené à vouloir faire ce qu'on a appelé d'un mot très juste, selon moi, de la politique de dégrèvement. Certaines écoles pensent qu'il faut se servir de l'impôt comme grand moyen d'égalisation des fortunes; s'il s'agit par exemple de la campagne menée contre les grands magasins, on tenterait de les égaliser à l'aide d'un surcroît d'impôt qui frapperait les grands magasins. Je dénie à l'État le droit de se servir de l'impôt pour l'égalisation des fortunes. Lorsque vous avez des ressources et que vous voulez faire des dégrèvements, ou bien l'État est condamné à dépenser comme aux États-Unis, ou bien il est amené à faire cette politique éminemment sage, féconde, une politique de dégrèvement. Le premier devoir de l'État est d'alléger les charges des contribuables. Nous prendre un seul sou qui n'est pas utile est un vol. Mais il faut faire les dégrèvements intelligemment. Prendre un certain nombre d'impôts et tirer au sort pour savoir ceux qui doivent être diminués, ce serait de la politique barbare, enfantine.

En 1884, on s'apercevait depuis quelques années que l'une des grandes industries nationales était dans une situation extrêmement mauvaise, que les fabriques du sucre périclitaient. On était menacé par la concurrence étrangère. Certains hommes d'État et certains économistes pensèrent alors qu'on devait venir au secours de cette industrie par des primes, par des subventions.

On pensait qu'en modifiant le mode de perception de l'impôt, l'industrie sucrière pourrait perfectionner son outillage et se transformer. On mit alors un impôt sous une forme nouvelle sur le sucre, mais en le faisant porter sur la betterave.

En disant aux fabricants de sucre : Tout ce que tu tireras de cette matière première, au delà d'un coefficient déterminé, sera exempt de droit, équivalait à lui dire : Tu vas tirer de la matière première toute la quintessence, tu vas sortir de la routine, et toutes les fois que tu rendras ton pays plus prospère, tu auras non pas une prime, mais un dégrèvement; toutes les fois que tu auras contribué à la richesse nationale par ton initiative, l'impôt qui est de tant, sera ramené à tant. N'oubliez pas cela, Messieurs, car c'est toute la loi. La loi de 1884 n'est pas autre chose qu'un stimulant de progrès et le plus grand de tous les stimulants. Cela est très important, car on reconnaît que nos représentants doivent tendre à établir ce dégrèvement, de telle sorte que toutes les industries se développent par l'initiative privée et non par l'intervention de l'État.

Je ne fais que poser quelques principes. Si vous me disiez qu'on doit se servir de l'impôt comme d'un instrument destiné à égaliser les fortunes, à faire que les salaires soient les mêmes, que chacun soit assuré d'avoir sa pitance, de façon qu'il n'y ait plus ni capitaux, ni progrès, ni civilisation, ou je hausserais les épaules, ou je me tairais, mais j'estime que l'État ne doit pas opprimer les citoyens et qu'il doit faire quelque chose en faveur de l'initiative privée. La loi de 1884 a pour objet la transformation de l'impôt au moyen de progrès pour l'industrie. Les industriels se sont dit : Voilà un dégrèvement que ne je puis obtenir qu'avec une betterave meilleure et un meilleur outillage. Ce fut une émulation générale, et on vit renaître à vue d'œil l'industrie sucrière. Le Trésor se disait : Nous avons voulu faire un dégrèvement, mais jamais nous n'avions pensé que le dégrèvement serait tel. Il y a bien eu un moment abaissement des prix, mais le consommateur n'a pas obtenu toute la diminution qu'il aurait dû avoir. C'est qu'il ne faut pas oublier qu'il y a la raffinerie.

Il y eut donc une loi qui poussait au progrès, loi de 1884, et une loi douanière qui cherchait à combattre le progrès. Les lois sont comme cela généralement. Comme on ne peut vendre le sucre que s'il est raffiné, on est obligé de passer par les raffineurs et alors apparaissent les droits de douane. Les fabricants de sucre s'entendirent pour limiter leurs achats et, une fois maîtres du marché français, on assista à cette chose fantastique : le sucre national vendu sur le marché français à un prix supérieur que sur le marché étranger.

Ce que l'on vise quand on parle des sucres : c'est la loi de 1884. J'appelle l'attention du Congrès sur l'importance de la question du maniement de l'impôt. La loi de 1884 est l'un des exemples les plus curieux, les plus remarquables, de ce qu'on peut tirer d'un impôt bien ou mal employé. Nous allons discuter demain la question de l'alcool. Si cette question est traitée dans la prochaine Chambre avec un souci réel de l'intérêt public, elle peut amener un autre exemple de ce qu'on peut tirer de l'impôt. Il faudra, en quelque sorte, proportionner l'impôt aux services rendus au pays. La loi de 1884 est essentiellement économique.

M. LALANDE. — Je ne répondrai que très brièvement au brillant discours que vient de prononcer notre honorable collègue M. Delombre; je bornerai ma réponse à quelques trèscourtes observations. Je ferai tout d'abord remarquer que ce n'est pas moi qui ai eu l'honneur de poser la question sucrière devant le Congrès; je l'avais trouvée inscrite dans le programme, seulement on n'avait pas décidé d'une manière certaine si on la traiterait ou non, et c'est alors que j'ai fait observer que cette question me paraissait avoir une grande importance, qu'il serait assurément utile de la traiter devant le Congrès. A la suite de mon observation, mes collègues m'ont imposé la charge très lourde de la traiter moi-même. Je vous avoue, Messieurs, sans fausse modestie, que je me sentais très insuffisant pour traiter une pareille question, car je la connaissais très peu dans ses détails. Je l'ai étudiée d'une manière aussi consciencieuse que possible, et c'est le résultat de ces études que j'ai eu l'honneur d'apporter aujourd'hui devant vous.

J'ai été tout à l'heure extraordinairement étonné en entendant notre distingué collègue qualifier la loi de 1884 de loi de dégrèvement. J'avoue qu'à cet égard mon étonnement est aussi grand que possible, parce que les faits sont en opposition absolue avec ce que M. Delombre a dit. Je crois qu'il n'y a rien de plus positif, de plus précis que les chiffres. Quel était le droit sur les sucres avant 1884? Il était de 40 francs par 100 kilogrammes. Ces droits ont été portés à 50 francs par la loi de 1884 et à 60 francs par les lois de 1887 et 1888. Eh bien! Messieurs, je ne comprends pas que l'on puisse appeler cette loi une loi de dégrèvement. C'est au contraire une augmentation énorme de l'impôt qui a eu lieu, puisque les sucres paient 50°/₀ de plus qu'avant 1884. De deux choses l'une : ou je n'entends rien à la valeur des mots ou je ne comprends rien aux chiffres, mais l'augmentation de droit de 50 °/₀ n'est pas une loi de dégrèvement. Non, la loi de 1884 est une loi de transformation de l'impôt. Notre collègue a dit avec une parfaite exactitude que cette loi a été d'un très grand bienfait pour ceux en faveur de qui elle avait été faite, pour les départements qui, en petit nombre, ont été appelés à bénéficier de la loi. J'ai cherché à établir par des chiffres absolument certains que cette loi a donné en 1888, et il en sera de même cette année, une prime de 50 millions à ceux qui ont bénéficié de la loi. Il n'est donc pas étonnant qu'une industrie relativement restreinte, comme celle de la fabrication du sucre, trouve un élément immense de prospérité dans une prime de 50 millions de francs.

Je vais vous donner un exemple tiré de mon département. La Gironde produisait autrefois, avant le phylloxéra, beaucoup de vin. Si une loi analogue à celle de 1884 était venue donner au département de la Gironde une prime de 50 millions de francs par an, c'est-à-dire une prime qui aurait été d'environ 250 francs par tonneau, ce département serait aujourd'hui extraordinairement prospère. La question est de savoir s'il est juste d'accorder cette prime, alors même qu'elle profite à une industrie d'une manière aussi considérable que ce qui a eu lieu pour l'industrie sucrière, et s'il est juste de prendre dans la poche du contribuable français pour donner cette prime énorme à un nombre restreint de producteurs.

La loi de 1884 a eu pour objet, et ce but a été parfaitement atteint, de diviser la production sucrière en deux portions : l'une qui paierait les droits, l'autre qui n'en paierait pas ; l'une qui paierait les droits au profit du Trésor, et l'autre qui les paierait au détriment des contribuables. Seulement, cette seconde partie du contingent entre dans la poche des fabricants de sucre ou des producteurs. La question est de savoir si cela est exact. Je n'ai même pas cherché dans le travail que j'avais à faire à discuter cette question. Notre Congrès s'appelle : le Congrès relatif à l'influence de l'intervention des pouvoirs publics dans le prix des denrées. Je me suis strictement renfermé dans le cercle qui était indiqué par ce titre. J'ai cherché à établir en quoi la loi de 1884 agissait sur le prix du sucre. J'ai cherché à établir que cette année, par exemple, le consommateur français paierait 40 francs par 100 kil. au profit du Trésor, et 15 francs au profit des producteurs reçus. Les raisonnements les plus brillants ne peuvent pas détruire ce fait. Pour attaquer avec succès mon argumentation, il faudrait prouver que le consommateur ne paierait pas la totalité du sucre qu'il consomme, au prix du sucre brut augmenté des droits.

Ce n'est donc pas une politique de dégrèvement. La loi de 1884

est une loi qui a été extrêmement avantageuse à l'industrie sucrière
et agricole, qui est étroitement liée à la fabrication du sucre, c'est-
à-dire à la partie de l'agriculture française qui produit la betterave.
Il est évident qu'il en est résulté un avantage immense qui se chiffre
par une somme de 50 millions payée par les contribuables français.
C'est la France qui fait le sacrifice de cet immense avantage dont
profite cette industrie.

M. FOURNIER DE FLAIX. — J'ai demandé la parole quand M. Delombre a dit qu'il parlait au nom de la justice. Moi aussi, je vais
parler au nom de la justice. M. Delombre a parlé au nom d'une
grande industrie qui périclitait et il a demandé au profit de cette
industrie une attribution d'impôts. On a appelé cela un dégrèvement d'impôts, mais ce n'en est pas un.

Il y a, Messieurs, une autre industrie en France qui a autrement
souffert que l'industrie du sucre; il y a une industrie bien autrement
nationale que l'industrie sucrière, une industrie qui donne au Trésor des ressources bien plus grandes, une industrie qui occupe
3 ou 4 millions de personnes : c'est l'industrie vinicole.

On pourrait remanier l'impôt sur le vin et l'alcool. Les traités de
commerce ne peuvent pas continuer, car l'introduction en France
de vins à l'impôt de 2 fr. l'hectolitre, n'est pas possible, le cultivateur ne peut pas accepter une pareille concurrence.

Je disais cela tout dernièrement en discutant avec M. Delombre
et il me répondait : Mais c'est de la protection. Permettez. Qu'avez-
vous donc fait au profit du sucre ? Mais de la protection, et bien
plus directe, de la protection intérieure bien plus dangereuse que la
protection extérieure.

En défendant cette protection extérieure au profit de l'agriculture
française, je crois que je représente davantage les idées de justice
de M. Delombre. Il ne défend que 3 ou 4 départements, et moi
je défends la moitié de la France dont la vigne est la ressource
des populations, en même temps que l'un des plus grands producteurs d'impôts, non seulement pour l'État, mais même pour les
communes, car enfin la vigne, après le blé, est la principale richesse
de notre pays. Ainsi, je crois avoir répondu à l'argument très brillant, mais au moins dangereux de M. Delombre. Comme lui cependant je crois qu'il est nécessaire que quelquefois l'État intervienne.

M. RAFFALOVICH. — Je me permets de protester contre la théorie
de l'impôt telle que vient de la développer M. Delombre.

En outre, suivant moi, cette forme d'impôt est anti-économique. Je crois que l'impôt moderne doit être mis sur le produit fabriqué, et non sur la matière première, qu'il ne doit pas devenir un instrument pour stimuler la production indigène.

Un membre. — Je crois que l'impôt sur les sucres n'a pas été réellement une politique de dégrèvement. La France était en concurrence avec l'Allemagne qui avait des primes de sortie considérables, et si on n'avait pas donné aux fabricants de sucre des primes, ils auraient disparu.

Les fabricants de sucre trouvent ce régime excellent. Je crois que l'État ne doit pas trouver la même chose.

M. LALANDE. — Il y a quelque chose de très fondé dans les observations de notre honorable collègue. La conséquence logique à en tirer est celle-ci : se défendre par une élévation de droits contre l'importation. La législation allemande avait pour la sucrerie française plusieurs inconvénients, dont le principal était de menacer la production française sur le marché intérieur français par l'introduction des sucres primés. Cependant, après ce que nous avons vu en Angleterre, je crois que la France devrait repousser cette législation.

M. DONNAT. — J'ai été pour ma part très séduit par l'argumentation très brillante de M. Delombre. J'avoue que c'est la première fois que je l'entendais se produire. M. Delombre a ouvert des horizons tout à fait nouveaux. Je ne demanderais qu'à être convaincu, mais avant j'ai besoin que M. Delombre réponde à certaines questions.

M. Delombre dit : Nous devrions accorder quelque chose qui ouvrirait la porte au progrès, qui serait un excitant, de telle sorte que si, à un moment donné, cette protection de l'État venait à s'évanouir, l'industrie et l'agriculture se seraient élevées à un niveau supérieur et nous serions débarrassés à la fois de ces droits de douane et de cette protection intérieure.

Cela est très séduisant, mais voici l'objection faite immédiatement par M. Fournier de Flaix lorsqu'il a dit : C'est très bien pour la protection du sucre et de la betterave, mais il n'y a pas que cela. Si vous adoptez cette conception nouvelle de l'impôt, tout le monde voudra être protégé sous cette nouvelle forme.

Pour me résumer, voici, Messieurs, les deux questions que je pose :

1. — Doit-on employer l'impôt comme un instrument de progrès pour aider une industrie à vivre ?

2. — Si on est conduit à le faire pour une industrie, ne sera-t-on pas conduit à le faire pour d'autres?

M. DELOMBRE. — Je vous demande pardon, Messieurs, de m'imposer au Congrès, mais je dois remercier mes collègues de la courtoisie avec laquelle ils viennent d'exposer leurs idées.

Je vois qu'au fond nous pourrions nous mettre d'accord.

L'une des observations principales est celle qui a été faite par l'honorable M. Fournier de Flaix, et par M. Donnat. Ces Messieurs ont dit : N'y a-t-il pas contradiction dans la thèse que vous soutenez aujourd'hui, étant donné que l'autre jour vous combattiez les droits de douane protecteurs, que nous demandions pour l'industrie nationale qui est en souffrance ? — Il me semble qu'on n'a pas démontré que j'étais en contradiction avec moi-même, car adversaire des droits de douane l'autre jour pour la vigne, je l'ai été encore aujourd'hui, puisque je réclame l'abolition des droits de douane pour les sucres.

J'ai dit que, suivant la parole de Gambetta au Havre, il fallait une politique économique à la France, et que la France n'avait pas cette politique-là. Eh bien! si nous parvenions à la doter d'une politique économique, d'une politique libérale, ce qui est identiquement la même chose, nous ne serions pas en contradiction avec nous-mêmes, parce que nous demanderions simultanément l'abolition des droits de douane et la réforme de l'impôt.

Nous prétendons, nous, les économistes, être les défenseurs des droits nationaux. Ce qui fait notre force, c'est que nous sommes convaincus que nos adversaires sont dans l'erreur. S'il faut à la France une politique économique et s'il faut que cette politique économique soit libérale, on reconnaît que toutes les fois qu'une industrie nationale ne vit que d'une vie apparente, artificielle, ces droits de douane doivent disparaître, et sur ce point je crois qu'il ne peut y avoir aucun malentendu entre nous.

Parmi les impôts il y en a qui sont nuisibles à l'industrie nationale. J'estime que les économistes devraient être à la tête des partis politiques. Certainement l'État peut beaucoup, mais il ne peut pas tout. Il peut tout promettre, car les promesses sont illimitées. Il ne peut pas prendre dans la poche de l'un pour donner à l'autre.

La personne qui achète du sucre paie une certaine somme qu'elle ne paierait peut-être pas sans cette transformation d'impôts. Lorsqu'un impôt existe et qu'on vient dire une partie de cet impôt vous sera remise à vous, fabricants, si vous réussissez à développer votre fabrication, je ne vois plus la prime, mais je vois parfaitement l'impôt.

Je ne crois pas qu'il y ait contradiction entre le refus de protéger une industrie nationale par un droit de douane et le désir de réformer les impôts qui pèsent sur cette industrie, et de les réformer de telle sorte que cette industrie puisse vivre.

Sans avoir de vœu à émettre, on peut dire qu'il faut accomplir de grandes réformes sur les impôts nouveaux et que 6 ou 700 millions d'impôts de douane peuvent être supprimés.

M. FRÉDÉRIC PASSY. — Permettez-moi de ne pas partager exactement toutes les opinions exprimées par notre ami M. Delombre. Il s'est écarté assez loin de la question qui servait de point de départ à la discussion. Nous avions à examiner la question du régime des sucres établi par la loi de 1884 et modifié par les lois postérieures. M. Delombre a terminé tout à l'heure, en émettant un vœu sur lequel je ne crois pas qu'il y ait dissidence parmi nous : c'est qu'il serait désirable de modifier dans un sens libéral, de façon à faciliter l'essor de toute initiative individuelle, notre système d'impôts qui n'est pas aussi mauvais qu'on veut bien le dire. Sur ce point, je ne crois pas qu'il y ait deux avis. Je crois que nous désirons tous qu'on puisse abréger les charges qui pèsent sur les contribuables. Nous désirons que ces réformes puissent être faites de manière à activer toute initiative.

Mais est-il bien certain, et c'est là la véritable discussion, que le genre de réformes qui est approuvé, recommandé, loué, avec tant de vivacité par notre excellent et savant collègue, M. Delombre, à l'occasion du régime des sucres, que ce régime soit en réalité un dégrèvement, et qu'il soit une réforme de l'impôt que nous devrions désirer voir appliquer d'une façon générale.

On lui a fait déjà une réponse dont il a très franchement avoué la valeur et la force : c'est que toutes les industries, toutes les professions, viendront à leur tour demander leur part de ce prétendu dégrèvement, qui a pour résultat de faire payer aux consommateurs le sucre français plus cher que si cette modification de l'impôt n'existait pas. M. Delombre n'est pas dans le vrai, lorsqu'il soutient que c'est le droit de douane extérieur qui est la cause de la grande différence de prix entre le sucre français et celui de Londres.

J'ai combattu deux fois la loi de 1884, mais j'y ai renoncé depuis, parce que cela était inutile.

Est-ce qu'il était absolument nécessaire d'avoir des avantages spéciaux pour produire de la betterave riche ? Est-ce que le cultivateur n'a pas un sérieux avantage à produire de la betterave riche ?

Est-que le fabricant de sucre n'a pas déjà un intérêt très considérable et très réel à tirer tout ce qu'il peut de la betterave ? Est-il donc bien désirable que le législateur lui dise : Si tu comprends bien tes intérêts, je te débarasserai d'une partie de l'impôt que tu dois payer, seulement cette quote-part d'impôt je la prendrai dans la poche des contribuables auxquels tu vendras ta fabrication.

Comment ! parce que des industriels ne savent pas tirer parti de leurs capitaux, vous allez prendre des mesures pour les inviter à mieux accomplir leur métier, et sous le prétexte de liberté et de justice, vous faire les tuteurs de diverses catégories de citoyens. Cet impôt que vous voulez rendre plus juste, vous en ferez, suivant la vieille expression de Bastiat, le champ de bataille de toutes les convoitises et de toutes les cupidités.

Pour essayer de rendre l'impôt plus égal, plus facile à percevoir, pour faire disparaître toutes les formes d'impôts qui troublent la liberté des contribuables, qui sont gênantes, nous sommes avec vous, à la condition de faire cette étude sans aucun esprit de partialité.

L'impôt, comme le disait M. Raffalovich, n'est pas du tout un moyen de faire prospérer plus spécialement telle ou telle industrie, ce n'est pas le moyen d'être utile ou agréable à telle ou telle catégorie de citoyens. L'impôt est un prélèvement aussi faible que possible fait sur l'ensemble des citoyens, pour leur faire payer les frais généraux de la société dont ils sont les membres. L'impôt, c'est en quelque sorte la cotisation au moyen de laquelle nous payons, nous acquittons le prix des services qui nous sont rendus, sans aucune espèce d'acception de personnes ou de situations. Nous sommes obligés de recevoir de l'État, des départements, des municipalités, un certain nombre de services collectifs. Nous ne pouvons pas, par exemple, paver, éclairer nos rues. Nous sommes obligés de payer ces frais. Voilà ce que nous devons à l'État ; et ce que l'État nous doit, en revanche : des services qui s'adressent à tous indistinctement, la sécurité, la justice, la faculté d'exercer nos professions comme il nous convient, à nos risques et périls.

Si une fois nous admettons avec vous que l'État doit intervenir pour empêcher une industrie de périr, toutes les industries viendront, au nom de quelques parties malades, demander des subventions, des dégrèvements, etc. J'avoue que, par moments, j'étais inquiet en entendant M. Delombre émettre certains arguments, et c'est parce que je fais un cas tout spécial de son talent que je proteste avec quelque vivacité. Je lui demanderai, par exemple, pourquoi on ne ferait pas pour l'industrie vinicole ce que l'on fait pour l'industrie sucrière. Ce serait entrer dans une voie sans issue et on s'arrêterait probablement à la ruine universelle. Cette industrie du sucre, c'est la bouteille à l'encre, c'est le désespoir du législateur. Vous savez comment a pris naissance cette industrie, quelle somme a été prise sur le budget par Napoléon pour encourager cette industrie naissante, et vous savez aussi que tout cela n'a réussi à rien.

La conclusion c'est que le gouvernement doit se désintéresser de ces questions de rivalités industrielles et commerciales, c'est d'appliquer un régime équitable sans acception de personnes ni de profession. L'impôt ne doit pas connaître les personnes auxquelles il s'applique.

M. LAPIERRE. — M. Delombre a parlé de dégrèvements. Toute la question est là. Y a-t-il oui ou non dégrèvement par la loi de 1884?

Je me demande si, au moyen de dégrèvement d'impôts on doit arriver à augmenter la production nationale. Nous avons deux sortes d'industries: celles qu'on peut protéger par des dégrèvements et celles qu'on ne peut protéger que par des droits de douane. M. Delombre a eu raison de dire que la loi de 1884 a été une loi de dégrèvement. J'ai dans les mains les statistiques de la France et je vais terminer par la citation de quelques chiffres.

Droits perçus sur les sucres, droit de fabrication et droits divers :

En 1882......................	262.937.
En 1883......................	276.506.
En 1886......................	269.002.
En 1887......................	266.759.
En 1888......................	257.550.

Le dégrèvement qu'a indiqué M. Delombre est donc parfaitement bien établi sur les sucres depuis 1884.

Un membre. — Je déclare me rallier à la théorie de M. Delombre.

La séance est levée à six heures.

SEPTIÈME SÉANCE. — 10 JUILLET 1889

La séance est ouverte à deux heures et demie, sous la présidence
de M. Frédéric Passy.

M. le baron d'Estrella a adressé la communication suivante :

*M. le Président du Congrès International de l'intervention des
pouvoirs publics dans le prix des denrées.*

Je comptais vous demander la parole à la fin de la séance d'aujourd'hui, pour attirer l'attention des spécialistes et des maîtres en
économie politique, sur les impôts de douane subis par le café en
France ; mais les débats sur la question sucrière ont pris, avec juste
raison, une telle importance et un si grand développement que
j'aurais craint d'abuser de la patience de l'auditoire en essayant de
l'entretenir d'un sujet qui devait le passionner bien moins que le
précédent. Cependant, je croirais manquer à mon devoir, malgré mon
incompétence, si je ne profitais pas de votre bienveillante hospitalité
pour dire quelques mots sur la question du café, qui intéresse au
plus haut degré la richesse du Brésil, que j'ai l'honneur de repré-
senter parmi vous, et un peu la France, puisque le café est aujour-
d'hui considéré comme une denrée de première nécessité. Je reste
donc, il me semble, dans le programme du Congrès, en venant solliciter de vous la permission de faire inscrire au procès-verbal les
réflexions suivantes, que j'ai l'honneur de vous soumettre :

La loi française de 1860 grevait le café d'un droit de douane de
cinquante centimes par kilo., aussi l'importation, qui n'était que
de 34 millions de kilos en 1860, s'éleva à 76 millions en 1870.
Présentement on paye un franc cinquante-six centimes par kilo
pour l'entrée des cafés en fève et en pellicules, et on paye deux francs
huit centimes par kilo pour les cafés torréfiés et moulus.

C'est-à-dire que les droits de douane sont *supérieurs* à la *valeur du produit acheté sur place*. Ces droits exagérés sont une grande entrave pour la consommation, et cela est si vrai que la consommation du café n'est en France que d'*un kilo 46* grammes par habitant, pendant qu'elle est de 8 kilos par habitant dans les Pays-Bas, et de 5 kilos et demi par habitant en Belgique, le café entrant en franchise dans ces deux derniers pays.

Voilà des faits et des chiffres que j'ai pris dans une conférence faite par mon compatriote et ami M. F. de Santa-Anna Nery, et publiée dans le numéro 8 du 20 avril 1888, de la revue *les Annales Économiques*.

Maintenant, il ne me reste qu'à vous remercier de l'honneur que je sollicite de voir ces quelques paroles inscrites au procès-verbal de la séance d'aujourd'hui, et à espérer qu'elles pourront, peut-être, aiguiser la curiosité de l'esprit investigateur de quelques-uns de nos confrères, et que bientôt la cause du café du Brésil trouvera un avocat français en France.

La France fait avec le Brésil pour plus de deux cents millions d'affaires par an, et plus elle nous achètera de café, plus elle nous vendra ses différentes marchandises, le café étant, pour ainsi dire, la monnaie avec laquelle nous vous payons.

Je profite de l'occasion, M. le Président, pour vous renouveler l'assurance de ma haute considération.

Baron d'ESTRELLA.

Paris, le 9 juillet 1889.

L'octroi à Paris

M. FOURNIER DE FLAIX a donné lecture du rapport suivant :

MESSIEURS,

En 1886, les recettes communales de la ville de Paris se sont élevées à 237,270,206 francs. Sur cette somme, les impôts de toute nature ont fourni 162,178,284 francs qui se répartissent ainsi :

Octroi...........................	135.668.516
Centimes	26.509.768
Total...............	162 178 284

Il est impossible de ne pas être frappé de la disproportion entre l'octroi, impôt de consommation, et les centimes, impôt direct. L'octroi représente cinq fois et demi l'impôt direct.

Il en résulte que le prorata par tête est extrêmement élevé 57-28. Si on suppose une famille moyenne de cinq têtes, l'imposition totale de l'octroi prélève par famille 286 fr. 40, somme effrayante, il faut le dire hautement.

Ce même prorata n'est que de :

à Rouen........	36.91	famille........	184.55
au Hâvre........	31.67	famille........	158.35
à Marseille.......	31.30	famille........	156.50
à Lyon..........	28.74	famille........	143.70
à Lille..........	28.01	famille........	140.09
à Toulouse.......	24.09	famille........	120.45
à Bordeaux.......	23.12	famille........	115.60

La moyenne des 1527 octrois, autres que celui de Paris, donne un prorata par tête de 11 fr. 50 — par famille 57,50. Ainsi, à Paris, l'octroi est un impôt accablant, dangereux.

Dans les grands centres, il perd une partie de ses caractères redoutables, quoique toujours très lourd.

Enfin, pour la France entière, c'est un impôt très élevé. En effet, si on fixe à 3,500 millions l'ensemble des taxes qui pèsent sur les Français (ne pas confondre les taxes avec les recettes), on trouve un prorata moyen personnel de 92 fr. — or l'octroi, dans ce prorata représente à Paris plus de 60 %, dans les grandes villes 25 % — et en moyenne 10 %. — Il est vrai que le prorata fiscal parisien est supérieur à 92 francs. On peut l'évaluer à 135,668,516 fr.

Si on décompose cette somme de 135,668,516 fr. produite par l'octroi de Paris, on trouve qu'elle provient.

1º Droits sur les vins........	48.054.060 fr.
2º Droits sur les alcools......	12.620.808
3º Droits sur les cidres	1.198.272
4º Droits sur les bières	4.083.084
5º Autres boissons	11.113.010
6º Droits sur les viandes.....	18.026.642
7º Autres comestibles	12.541.611
Ensemble............	107.637.487 fr.

Accordons pour un instant seulement, qu'on retranche de cette masse les droits payés par les alcools et les boissons diverses, il reste encore — 83,903,669 francs d'impôts provenant de denrées alimentaires seules, d'objets nécessaires à la vie. Par suite, le prorata d'octroi de Paris porte à concurrence de 65 °/₀ sur l'alimentation de la population. Par suite, chaque famille parisienne, sur 286,40 qu'elle verse par année à l'octroi — subit une taxe d'alimentation de 186 francs; la taxe d'alimentation personnelle est de 37 francs.

Il ne se rencontre guère de publiciste qui accepte à la légère une pareille surcharge; toutefois, quelques bons esprits ont essayé de présenter une justification dont il importe d'examiner la valeur.

D'après eux, la gratuité des écoles, des ouvroirs, des hôpitaux, l'abondance des becs de gaz, l'activité de la police, la propreté des rues, le nombre des omnibus, des tramways, le bon entretien des squares et l'ensemble des autres distractions offertes à la population de Paris seraient une sorte de compensation à cette charge de l'octroi. Ils vont jusqu'à penser que les classes les plus nombreuses, les familles laborieuses, ont un prorata moins élevé que les autres dans les consommations taxées.

La compensation d'agrément nous a toujours paru presque dérisoire; celle de la gratuité des écoles et des hospices n'est pas aussi entière qu'on veut bien le dire, car les ressources de la ville de Paris ne lui permettent ni de soigner tous les malades, ni d'enseigner tous les enfants. Un tiers des enfants appartiennent aux écoles privées et plus du tiers des malades ,n'entre pas dans les hôpitaux.

Quant à l'argument de consommation, il est encore moins acceptable que les autres. On oublie toujours, dans ces comparaisons, que le travailleur ne mange et ne boit pas seulement pour aller au Bois ou à l'Opéra, mais qu'il mange et boit pour travailler. Sa nourriture est donc pour lui d'une importance capitale, et c'est pour cela que nous faisons des réserves expresses au sujet du retranchement ci-dessus des taxes d'octroi sur les alcools et boissons diverses. Pour nous, l'alcool est un aliment; le travail moderne exige une certaine quantité d'alcool, tout autant que de café, de viande et de pain.

Pour avoir une idée exacte de cette surcharge terrible de l'octroi à Paris, permettez-moi, Messieurs, de vous transporter dans les autres grandes villes du globe, les seules qu'on puisse comparer à

Paris. Paris, ne l'oublions pas, est de beaucoup la seconde ville du globe et le plus grand centre industriel.

En 1882, le budget de Londres-Métropole, c'est-à-dire compris dans le périmètre du *Board of works*, avec 4 millions d'habitants, s'est élevé à 15,071,000 L. s., soit 376 millions sur lesquels 118 millions ont été fournis par l'emprunt, et 49 millions par l'Etat et recettes diverses, — il est resté 202 millions à demander aux taxes. Dans ces taxes, il n'est entré que trois taxes de consommation sur le vin, le blé, le charbon, montant à 285,500 l. s., ou 7,137,000 fr. Toutes les autres taxes sont des taxes directes payées par les biens fonciers.

De sorte que, tandis qu'à Paris 2,300,000 habitants ont eu à payer 135 millions de droits d'octroi, 4 millions dans Londres-Métropole, n'ont acquitté que 7,137,000 de taxes assimilables aux octrois.

S'il était entré dans mon sujet de m'occuper des impôts de consommation en général, j'aurais pu vous montrer que la différence qui existe entre Paris et Londres, au point de vue des taxes locales, est non moins grande au point de vue des taxes générales.

La conséquence de ces différences se fait considérablement sentir dans la condition des populations. La pauvreté est plus grande à Paris qu'à Londres, et par suite la mortalité.

C'est pour cela que je considère l'octroi de Paris comme un impôt dangereux.

A New-York, même situation qu'à Londres pour les taxes générales. Mais l'impôt local tout entier est à la charge des propriétaires fonciers de la ville, qui acquittent 200 millions d'impôts locaux directs pour une population de 2 millions d'habitants. L'impôt local direct est par suite le double qu'à Londres.

Berlin compte actuellement 1,400,000 âmes. Le budget de 1887 en recettes a été fixé à 58 millions de marks dont 29,500,000 marks proviennent seuls de l'impôt. Toutes les taxes locales sont directes.

Le contraste entre les conditions de bien-être et de travail des populations, entre Paris d'une part, — Londres, New-York et Berlin d'autre part, est donc complet.

Paris, Messieurs, ne lutte contre cette situation qu'au moyen de sa supériorité industrielle, de la centralisation excessive de l'Etat et de la misère, — car, sous des dehors brillants, Paris cache beaucoup de misères.

Le nombre des personnes officiellement assistées ne dépasse pas à Londres 100,000, — il est supérieur à 150,000 à Paris. Or, Paris n'est que la moitié de Londres.

Dans cette misère, l'octroi a une large part.

Ici semble finir ma mission de rapporteur. Je ne m'arrêterai pas, en effet, un seul instant à vous démontrer qu'un impôt local de consommation de 135 millions, dont 83 millions frappant les objets nécessaires à la vie, est un lourd fardeau pour une population de 2,345,000 âmes, qui doit faire face, en outre, aux charges de l'État. Ainsi, l'octroi a perçu pour l'État, en 1886, une somme de 67 millions pour taxes de consommation dans les mêmes conditions que celles d'octroi — ce qui élève à 202 millions les taxes de consommation perçues par l'octroi seulement, en dehors des impôts indirects, tels que droits de douanes, taxes sur les sucres, les sels, les poudres, les huiles, l'enregistrement.

Le prorata par tête s'élève sur ces 202 millions à 87 fr., soit par famille 435 fr. ; quel chiffre terrible ! Il faut encore cependant y ajouter le prorata des douanes, des sucres, des sels, des huiles, de l'enregistrement, etc.

Dans ce prorata, comme je l'ai indiqué plus haut, l'octroi prend la plus grande part; aussi de nombreux projets de réformes ont-ils été discutés.

La réforme est d'autant plus difficile qu'elle est plus nécessaire. Si le fardeau est si accablant, c'est qu'il représente un produit énorme.

Aussi deux partis très caractérisés se sont-ils formés. Le premier accepte l'état de choses comme inéluctable et s'y résigne ; l'autre parti, qui a pour chef l'honorable M. Yves Guyot, ministre des travaux publics, le repousse et propose de remplacer non seulement l'octroi de Paris, mais tous les octrois de France par des taxes directes, au choix des conseils municipaux.

Hors Paris, l'octroi n'affecte pas le caractère excessif, oppressif, qu'il revêt à Paris. Les populations ne consentiraient pas volontiers à lui substituer l'impôt direct : c'est ce que M. Lescarret, professeur d'économie politique à Bordeaux, a établi dans un travail récent.

Aussi est-il plus expédient de ne pas prendre le taureau par les cornes et de s'occuper avant tout de remédier à l'excès de l'octroi à Paris.

Pour remplacer les 135 millions que produit l'octroi à Paris par des taxes directes, il faudrait augmenter de 133 % toutes les contributions directes qui fournissent actuellement 105 millions.

Les tendances actuelles ne sont pas favorables à un pareil changement.

Aussi me paraît-il plus prudent d'attaquer l'octroi de Paris, pièce à pièce, morceau à morceau, — que d'espérer le renverser en bloc.

L'octroi frappe surtout le vin et la viande; l'un et l'autre sont nécessaires, mais la viande est plus nécessaire. Tout fait espérer une forte baisse sur le prix du vin; enfin, la taxe des vins produit 48 millions, chiffre considérable ; il semble donc, pour procéder avec sûreté, à propos, qu'il faudrait débuter par abolir la taxe la plus fâcheuse, la taxe sur la viande qui fournit 18 millions par an, en dehors de celle sur les comestibles qui donne 12 millions. Ces deux taxes sont regrettables, mais la taxe sur la viande, portant surtout sur le nécessaire des travailleurs, doit être supprimée la première.

Recherchons quelle est la surcharge que la taxe sur la viande représente pour la population de Paris. En 1882, la consommation totale s'est élevée à 178 millions de kilog., soit 78 kilog. 31 par tête et 391 kilog. 55 par ménage. Ce dernier chiffre donne une moyenne plus exacte que la première, parce qu'il contient une majoration au profit du chef de famille dont la consommation est supérieure à celle de sa femme et de ses enfants. Si on divise 178 millions par 18, on trouve que l'impôt a été de 0,098 en 1882 par kilog., soit par tête de 7 fr. 64, et par famille 38 fr. 20.

Bien que la situation financière de la ville de Paris soit excellente, il ne serait pas possible de priver les finances municipales d'une recette de 18 millions. Il serait puéril, d'un autre côté, de proposer une réduction pareille sans indiquer le mode de la remplacer.

On demanderait ce remplacement à une augmentation de 0,17 c. aux quatre contributions, dont le produit est à Paris de 104 millions. Cette augmentation porterait pour 40 % sur les revenus fonciers, ou 7,200,000 fr., et 60 % sur les revenus des patentes et de la taxe personnelle, ou 10,800,000 fr.

Les revenus fonciers ont beaucoup augmenté à Paris ; les propriétaires n'auraient pas à se plaindre: quant aux patentables, ils profiteraient personnellement d'une partie de la réforme et leurs ouvriers en profiteraient comme eux.

Cette réforme est modeste. Cependant ce n'est que par des changements de ce genre que l'octroi de Paris pourra être lentement amélioré. Si, il y a quinze ans, le conseil municipal avait enlevé une première pierre à l'édifice de l'octroi, aujourd'hui il pourrait en enlever une seconde et une troisième à la fin du siècle.

Dans l'état actuel de la Société française, rien n'autorise l'exécution immédiate d'une synthèse de réformes en bloc, comme il y a un siècle.

C'est le fait que doivent mettre en lumière tous les publicistes sérieux qui s'occupent des questions d'impôt. La Révolution de 1789, dont nous célébrons le centenaire a poursuivi, avant tout, une réforme fiscale, elle l'a accomplie, et, sans tous nos malheurs politiques, la France jouirait d'une organisation financière supérieure à celle de tous les autres peuples.

Est-il raisonnable, à cent ans à peine de distance, car cette réforme a exigé de longues années, de refaire une œuvre qui a été si difficile ?

Ne vaut-il pas mieux se contenter d'améliorer l'édifice que nos pères ont élevé ? Cet édifice, malgré tant de fautes politiques, a produit, nous pouvons le constater et le dire hautement avec une fierté légitime, des résultats économiques et sociaux dont l'Exposition du centenaire de 1789 retrouve la puissance et la grandeur dans un panorama incomparable.

Je ne voudrais cependant pas, Messieurs, que vous me preniez pour plus favorable à l'octroi que je ne le suis au fond. Tout dernièrement, j'ai fait dans le *Globe* un article pour raconter les mésaventures d'une ménagère qui ayant acheté un lièvre à Paris, a dû subir, sur les 3 kilomètres qui séparent le pont de Sèvres de la ville de Paris, la visite des octroyens ou gabelous de Sèvres, Billancourt, Boulogne et Paris, soit plus d'une visite par kilomètre, et celles d'une cuisinière d'un conseiller à la Cour de cassation qui, ayant emporté une demi-bouteille de vin dans sa poche pour sa dépense à Paris où elle allait essuyer les tapis de son maître, a été appréhendée au corps par un alguazil sur le bateau à vapeur et conduite au poste, où elle a passé toute la journée — ce qui est tout à fait l'ancien régime.

Mais je me résigne, dans l'espérance de circonstances plus favorables, et j'estime que ce congrès aurait déjà apporté un grand soulagement à la population de Paris, s'il arrachait au conseil municipal le remplacement de la taxe d'octroi sur la viande par quelques centimes additionnels de plus.

Si nous laissons de côté les peuples musulmans chez lesquels la taxe de consommation et les octrois sont à l'état de fléau endémique, nous ne rencontrons l'octroi qu'en Italie et qu'en Espagne, mais il y affecte un caractère si général qu'il devient une des ressources principales de l'État. Aussi ses défenseurs peuvent-ils dire : *noli me tangere*. Rien à faire, tenez-le pour certain.

Un de ces progrès modestes, dont je vous ai entretenu tout à l'heure, a précisément consisté, quant à la France, à désintéresser totalement l'État — sauf les compensations de garnison — des taxes d'octroi qui sont aujourd'hui purement municipales.

Passons donc la parole aux populations. Nous aurons suffisamment contribué à les éclairer sur leurs intérêts en attaquant avec résolution ce terrible octroi de Paris.

Toutefois, en terminant, laissez-moi vous dire que cette ceinture de pierres dont l'octroi a absolument besoin pour lutter contre la fraude, ne pourra pas toujours être maintenue ; qu'un jour viendra où la population ne pourra être enserrée dans les 7000 hectares qu'elle occupe aujourd'hui, et qu'il est sage de préparer, par un premier coup de pioche, la démolition de l'octroi, comme du mur d'enceinte.

Toutes les questions se touchent, le Champ-de-Mars va disparaître ; vous ne permettrez pas la destruction de ces magnifiques galeries qui auront reçu la visite de 20 millions de curieux, vous conserverez, comme une affirmation de la grandeur et de l'avenir de la France, ces monuments où tant de goût se marie à tant de hardiesse ; il faut élargir Paris, il faut lui donner de l'espace et de l'air ; — commençons l'œuvre de la démolition de l'octroi, non pas en projet, en théorie, mais par la ferme résolution d'imposer au conseil municipal l'abolition de la taxe d'octroi sur la viande ; nous entrerons ainsi dans la voie féconde des améliorations dont M. Léon Donnat nous a entretenus, ou nous lui fournirons l'occasion de porter lui-même la question devant le conseil municipal de Paris dont il fait partie. Il y a déjà rendu plus d'un service : eh bien, nous le mettons à même d'en rendre un plus grand encore.

En effet, supposez que le conseil municipal de Paris entreprenne cette première réforme de l'octroi en abolissant la taxe sur la viande, la question se posera bientôt pour les autres grandes villes et peu à peu la viande sera partout libérée de taxes d'octroi.

Autre avantage, on saura quel sera l'effet sur les divers intérêts parisiens de ce changement d'impôt, de cette première substitution de l'impôt direct à des taxes de consommation justement condamnées, on préparera l'œuvre progressive de la réforme.

Y aurait-il des moyens de marcher plus rapidement ? Nous allons discuter la question de l'alcool. Pourrait-on trouver dans le remaniement des taxes sur l'alcool un moyen magique pour remplacer les octrois, tout en fournissant les ressources nécessaires à la reconstitution de notre vignoble? La discussion que ce rapport a simplement pour objet d'éclairer et de provoquer nous le dira bientôt.

Même en faisant bon et cordial accueil à toutes les théories, même en acceptant toutes les expériences, même en inclinant plutôt vers les tendances expérimentales actuelles que vers l'action mécanique de ce qu'on appelle les lois économiques, je pense qu'en matière fiscale, la prudence est la condition du progrès comme de la sûreté; à chaque jour suffit sa peine.

M. Coste. — Si on supprimait simplement une des taxes particulières de l'octroi de Paris, on pourrait évidemment la remplacer par quelques centimes additionnels. Cette charge ne serait pas très lourde, quoique cependant la répercussion sur les loyers pourrait être très onéreuse pour le petit public de Paris qui souffre tant de la cherté des loyers.

Vous me paraissez éliminer tout un système suivi en Belgique : c'est le remplacement des taxes d'octroi non par des impôts directs, mais par des contributions indirectes. Je sais bien que l'idéal économique, c'est d'arriver aux impôts directs proportionnels. J'en suis partisan, mais je crois que ce serait un grand progrès que d'y substituer des taxes de consommation aussi proportionnelles que celles sur le sucre, le tabac, etc., les meilleures de nos contributions directes. Il faudrait l'intervention de l'État pour supprimer, par une loi générale, les octrois partout où ils existent.

Si c'est l'État qui applique les réformes, il le fera dans une certaine mesure. Si ce sont les conseils municipaux, il est fort à craindre que ces réformes ne soient faites au détriment de certaines classes de contribuables.

Il me semble que les économistes autrefois étaient presque unanimes à condamner l'octroi. Aujourd'hui nous entendons même au sein de la Société d'économie politique des défenseurs de l'octroi.

Pour faire la réforme des octrois par les contributions indirectes, il faut procéder par une loi générale.

M. Raffalovich. — Vous savez qu'en Prusse l'octroi a disparu. Les impôts directs sont devenus pour ainsi dire écrasants. A Francfort, on paie à peu près le triple de ce que l'on payait. Les finances locales, par exemple, sont mieux administrées dans les villes allemandes que dans les villes françaises.

La proposition de M. Coste me paraît très séduisante, mais passablement dangereuse. Je ne sais pas s'il ne vaut pas mieux habituer les contribuables à payer l'impôt direct de préférence à l'impôt indirect? Mais il faut que les personnes chargées de le recouvrer ne fassent pas de politique électorale.

M. Coste. — Le grand avantage des centimes additionnels sur les contributions indirectes est d'y faire collaborer la population étrangère, ainsi que ceux qui, à Paris par exemple, ne paient pas de contribution personnelle mobilière.

M. Roux. — Le système dont parle M. Coste a un inconvénient. En Belgique, ce système a donné une prime aux villes qui ont eu le bonheur d'avoir un octroi. Bruxelles, Liège, etc., reçoivent une subvention, tandis que les petites villes n'en reçoivent pas. Cela crée aujourd'hui des injustices. Ce système fait que la recette attribuée aux villes n'a pas augmenté, — tandis que les dépenses ont augmenté considérablement.

M. Coste. — La participation est progressive.

Un Membre. — Elle ne peut pas être progressive, parce que les dépenses des villes augmentent plus que les dépenses du royaume.

M. Roux. — Je voulais montrer quel danger il y a à donner comme exemple le système belge. Il est indéniable que l'octroi constitue une recette élastique. Il est clair que dans vingt ans il n'y aura pas la même proportion entre les dépenses et les recettes de la Belgique. Comme répartition des impôts sur toute la surface du royaume belge, il y a une inégalité qui serait beaucoup plus forte en France.

M. Destrine. — Je crois que c'est une erreur de dire que la loi qui a aboli l'octroi constituait une injustice en faveur des grandes villes. Cette loi établissait le fonds communal. Les grandes villes recevaient en proportion de ce que l'octroi rapportait avant et une part était donnée à toutes les petites communes sans octroi.

M. Roux. — On s'aperçoit seulement maintenant que les villes n'ont pas les revenus qu'elles devraient avoir.

M. Hartmann. — Le système de M. Coste sur les contributions indirectes me paraît bien difficile. Vous augmenterez toutes les bonnes contributions indirectes, et les campagnes alors paieront beaucoup plus de droits qu'elles n'en paient actuellement, et les dépenses excessives des villes à octroi seront payées en partie par les campagnes. Nous pouvons être partisans en principe de la suppression des octrois, mais il y a quelque difficulté à exécuter ce désir.

M. Coste. — Je crois que les campagnes trouveraient une compensation très grande à cette légère surcharge dans la facilité plus grande de négocier les denrées.

M. HARTMANN. — Les octrois produisent aujourd'hui 290 millions, et je ne crois pas, en les supprimant, qu'on puisse retrouver une compensation de 300 millions. Je me rallie donc au système de M. Fournier de Flaix : faisons des économies et ne permettons plus aux villes d'augmenter leurs droits d'octroi.

M. DONNAT. — Je trouve la proposition de M. Fournier de Flaix très sage. Je ne crois pas qu'on puisse indiquer un autre système que celui qu'il a présenté dans son exposé. Il a fait ressortir deux objections faites toujours à l'octroi : que l'octroi est un impôt qui n'est pas proportionnel et qu'il est vexatoire. La proposition de M. Coste ferait bien disparaître cette objection dernière, mais la première reste entière. Je ne vois donc pas d'avantage réel à établir ce droit de consommation et, en outre, j'aperçois les avantages signalés par M. Hartmann.

M. Coste émettait tout à l'heure une affirmation qui est contredite par une statistique parfaitement juste. M. Coste disait : Il y aura répercussion de cet impôt sur tous les autres, et les ouvriers paieront un surcroît de loyer comme les classes riches. Si vous prenez les loyers au-dessous de 1.000 francs dans la ville de Paris, vous en trouverez 682.000. La valeur des maisons est de 190 millions. Les loyers au-dessus de 1.000 francs sont au nombre de 73.000 et la valeur des maisons est de 213 millions, c'est-à-dire plus grande. Ainsi, d'un côté, vous avez 90 % de loyers qui valent moins que les 10 % restant.

On dit : Vous allez surcharger les propriétaires, et aujourd'hui ils ne sont pas aussi heureux qu'autrefois. C'est peut-être vrai. Mais supposons un propriétaire qui a une maison place de la Bourse qui n'a pas changé depuis 40 ans. On a fait des rues, on a pavé, même en bois, on a fait des trottoirs éclairés à l'électricité, on a fait des squares. Toutes ces améliorations ont été faites à Paris sur les produits des octrois et donnent une augmentation de valeur aux maisons. Le propriétaire voit la valeur de son immeuble augmentée par suite de charges supportées par son locataire aussi bien que par lui-même. Le propriétaire dit alors à son locataire : La valeur de ma maison est doublée, je vais maintenant doubler le prix de ton loyer, de telle sorte qu'après avoir payé une première fois pour m'enrichir comme propriétaire au point de vue de la valeur vénale, tu paieras une seconde fois pour m'enrichir comme propriétaire au

point de vue du loyer. Cela démontre que la valeur des propriétés
immobilières ne doit pas être soustraite à l'augmentation de charges
qui résulteraient de la suppression des octrois, au moins à Paris.

M. COSTE. — Je voudrais répondre un mot sur la non proportionnalité des contributions indirectes. En Belgique, on n'a pas pris
toutes les contributions indirectes, mais seulement quelques-unes.
En Angleterre, ces droits portent sur 5 ou 6 articles de la consommation qu'on peut considérer comme facultatifs, et qui ont un caractère plus proportionnel qu'on ne le croit. Moi, j'avais songé à trois
articles : alcool, sucre et tabac. Ce sont ceux qui échappent le plus
au reproche de la non proportionnalité.

M. Hartmann dit que les surcharges incomberaient davantage aux
campagnes qu'aux grandes villes. Cependant il a émis un principe
dont je m'empare, il a dit que la consommation était beaucoup
plus grande dans les villes que dans les campagnes. Par conséquent le paiement de ces contributions directes se paiera beaucoup
plus par les populations des villes que par les populations des campagnes.

M. ROUX. — Je suis moi aussi partisan de la suppression des
octrois, mais je crois qu'il n'est pas facile d'aboutir. Si l'on peut se
contenter de réformes partielles, il faudra le faire, ce sera une
victoire, mais pas définitive.

M. DONNAT. — Je crois qu'on pourrait légitimer toutes ces pro-
positions en exposant que la propriété foncière a une valeur telle
qu'il n'est que juste de lui imposer ce supplément de charges. La
loi de 1807 estime que les propriétaires devront payer jusqu'à concurrence du quart la valeur des empierrements qui auront été faits
en face de leurs immeubles. Je vous indique seulement l'esprit de
la loi. On admettait alors que la propriété foncière devait supporter
une part de ces charges.

L'octroi sur les fourrages à Paris produit cinq millions, il serait
bien plus simple d'imposer les chevaux que les fourrages. On pourrait dire par exemple que le fourrage serait payé par le cheval à
raison de 40 francs par tête. On trouverait encore d'autres réformes
en cherchant un peu. Je crois qu'il y a là une voie ouverte à toute
espèce de réformes.

M. DELOMBRE. — Le jour où la majorité du conseil pensera que
les propriétaires sont des paresseux qui prennent la peine de vivre,
vous les écraserez alors d'impôts, et vous les mettrez même hors
la loi... Vous n'êtes pas allé jusque-là, M. Donnat; au fond

c'était bien l'arrière-pensée que vous aviez, mais votre esprit est trop éclairé pour l'avoir dit. D'ailleurs, c'est la pensée de la majorité du conseil.

M. DONNAT. — Pas sur ces questions.

M. DELOMBRE. — Je crois que tous les efforts faits pour embellir la ville : l'eau, le gaz, le pavage, l'éclairage électrique, je crois que toutes ces dépenses profitent en effet au propriétaire foncier, mais je crois que la collectivité en tire un bienfait. La dépense a été d'utilité publique, sinon elle n'eût pas été admise.

M. DONNAT. — Supposons une maison dans un quartier excentrique : la municipalité y fait venir l'eau, on éclaire la rue au gaz et la maison peut recevoir le gaz dans l'escalier. On ne peut pas nier que cela ait donné une plus-value à l'immeuble. Qui est-ce qui en profitera ? celui qui passe dans la rue ne se soucie pas s'il y a du gaz dans l'escalier et de l'eau dans la maison.

M. DELOMBRE. — Vous faites un chemin de fer qui traverse une propriété. Allez-vous admettre que cette propriété sera frappée d'un impôt spécial ? Si oui, je vous accuse formellement de tomber dans l'hérésie qui consiste à nier le principe même de la propriété. Si non, je dis que le chemin de fer était une dépense d'intérêt général supportée par tout le monde.

UN MEMBRE. — A Paris les propriétaires paient déjà pour l'établissement de toutes ces améliorations.

M. Frédéric PASSY. — Je crois que M. Delombre force l'exemple. La difficulté est d'apprécier dans quelle mesure une propriété acquiert une plus-value par suite de travaux, etc.

Puisqu'on parle d'un chemin de fer, dans combien de cas les habitants d'une région n'abandonnent-ils pas de très fortes sommes pour permettre de leur faire un chemin de fer.

J'ai le malheur d'être propriétaire à Paris et les revenus ont singulièrement baissé dans mon quartier depuis quarante ou cinquante ans.

Vous me permettrez de réclamer un peu la paternité de la théorie émise par M. Donnat au sujet des chevaux et du fourrage. Je me suis occupé il y a trente ans de trouver certains moyens pour supprimer l'octroi, et je disais : il est bien plus simple d'imposer le cheval que le fourrage, d'imposer les foyers que les combustibles.

Nous ne voulons pas supprimer l'impôt de l'octroi sans le remplacer et nous voulons le remplacer par quelque chose de moins désagréable. Je crois que l'État a droit de dire que le droit de circuler ne devrait pas être entravé sur la surface du territoire.

M. HARTMANN. — L'alcool semble une matière essentiellement imposable. C'est un impôt de consommation, il est vrai, et les économistes ont presque toujours combattu les impôts de consommation pour les remplacer par des contributions directes. Aussi avons-nous été surpris de voir les économistes nous présenter un projet de monopole des alcools, c'est-à-dire l'intervention des pouvoirs publics dans le commerce de l'alcool. On a fait des conférences un peu par toute la France, mais il faut reconnaître qu'il y a eu partout des protestations.

Le Monopole de l'Alcool

Rapport de M. G. HARTMANN

Le Congrès a eu surtout à s'occuper dans les séances précédentes de l'intervention existante des pouvoirs publics dans les prix des denrées : il a discuté des questions de droits de douane et d'octroi, de taxes sur le pain et sur la viande. Aujourd'hui, notre examen doit porter sur un projet de nouvelle intervention de l'État dans les transactions commerciales concernant l'alcool.

Tout le monde sait que l'alcool est fortement imposé, non seulement en France, mais dans presque tous les États. « C'est une matière essentiellement imposable, » au dire de certains hommes politiques. En France, la taxe sur l'alcool est perçue à la consommation ; c'est une contribution indirecte, comme les impôts sur les autres boissons et sur certains produits alimentaires.

Une école économique s'est souvent élevée contre les impôts de consommation, et a demandé leur suppression et leur remplacement par des impôts directs. En France, avec nos lourdes charges budgétaires, il a paru téméraire à d'autres économistes, qui, en principe, sont partisans de cette suppression, de procéder si radicalement à l'abandon de ressources considérables pour atteindre plus directement les revenus et les capitaux, qui sont déjà fortement imposés. Parmi ceux qui opinent pour le maintien d'un impôt sur l'alcool, il y a cependant beaucoup de partisans d'une réforme de la législation actuelle ; aussi de nombreux projets ont-ils été soumis au Parlement dans la dernière législature.

Quoi qu'il en soit, avec le régime fiscal en vigueur, et tout imparfait qu'il paraisse, le commerce et la fabrication sont cependant relativement libres. Nous disons relativement, par ce que la fabrication et le commerce étant sous la surveillance étroite de la régie, l'opération administrative que l'on nomme « Exercice » est par le fait une intervention des pouvoirs publics dans les transactions, mais seulement pour le contrôle des quantités produites et déplacées jusqu'à la consommation; liberté entière est donc accordée aux commerçants pour la fabrication et la vente. Il y a encore beaucoup de partisans du maintien seulement de droits sur certaines consommations, et principalement sur l'alcool. Mais, on pouvait croire qu'il ne viendrait à l'esprit de personne de présenter comme une réforme progressive un projet d'augmentation considérable d'un impôt sur un objet de consommation. C'est cependant ce qui est arrivé il y a quatre ans, par le projet qui a été bruyamment exposé à cette époque, d'un système de monopole de l'alcool au profit de l'État, c'est-à-dire d'une intervention des pouvoirs publics dans la taxation du prix de l'alcool. Ce projet a été vivement critiqué, il a soulevé des protestations sur tous les points de la France, et, finalement il a été repoussé par toutes les commissions parlementaires et extra-parlementaires qui ont été chargées d'étudier la question de la réforme de l'impôt sur les boissons.

Ce projet de monopole nous paraissait abandonné; nous considérions qu'il n'y avait plus lieu de le discuter. Le comité d'organisation de ce Congrès n'a pas pensé ainsi, et a inscrit le monopole de l'alcool comme une de ces interventions des pouvoirs publics, qu'il est encore utile d'examiner.

C'est que la proposition de monopole peut de nouveau se produire, et être présentée un jour au Parlement; d'ailleurs un système de monopole de l'alcool n'a-t-il pas été introduit en Suisse l'année dernière! Examinons donc la question, voyons les motifs allégués par les auteurs de ces projets de monopole, passons rapidement en revue les divers systèmes proposés pour mettre entre les mains de l'État, l'exploitation de cette matière, l'alcool, et pour donner ainsi aux pouvoirs publics, un droit plus ou moins étendu d'intervention dans les transactions commerciales sur l'alcool.

Nous remarquerons d'abord cette anomalie : c'est que l'auteur du projet de monopole qui a fait le plus parler de lui, est un professeur chargé d'enseigner aux étudiants en droit les bonnes doctrines économiques : la liberté du commerce, le libre-échange, la non intervention des pouvoirs publics dans les œuvres qui peuvent être accomplies par l'initiative privée. C'est ce professeur de science financière qui a le plus contribué à propager cette idée d'un monopole de l'alcool par l'État, c'est-à-dire d'une grande intervention des pouvoirs publics dans des transactions importantes, laissées jusqu'ici à l'initiative des industriels et des commerçants. C'est lui qui a préconisé ce système, tendant à retirer à de nombreux commerçants leur liberté d'achat et de vente, et à constituer toute une organisation administrative venant grossir considérablement l'armée des fonctionnaires de l'État.

Il faut de puissantes raisons pour déroger ainsi à tous les principes que l'on professe. Ces raisons, on nous les a longuement développées : protéger la santé publique, combattre l'alcoolisme ; remplir les caisses de l'État, pour combler le déficit et supprimer d'autres impôts.

On se souvient de ces conférences dans toute la France pour propager l'idée nouvelle ; on se souvient de cet orateur nous montrant dans un sombre tableau les maux que pouvait engendrer l'abus des mauvais alcools ; la moindre goutte d'alcool était alors un poison. Le monopole devait changer tout cela ; l'alcool passant par le canal administratif devait y trouver la pureté, l'innocuité la plus complète, moyennant une prime sensible qui devait rapporter un milliard au Trésor, sans toutefois augmenter les prix pour les consommateurs : les intermédiaires seuls devant payer ce milliard. Mais cette combinaison, quoique fort séduisante, était si inapplicable, qu'elle n'obtint aucun résultat. D'autres conceptions d'un système de monopole de l'alcool peuvent apparaître, c'est pourquoi nous devons les envisager.

L'État, dira-t-on, a le monopole pour les tabacs et pour les allumettes ; pourquoi n'exercerait-il pas aussi un monopole pour les alcools, qui, tout en augmentant sensiblement ses revenus, lui permettrait de protéger la santé publique ?

Le monopole des tabacs existe depuis l'origine de la consommation, il a été créé à une époque où cette consommation était peu importante, alors que l'usage en était fort restreint. Puis, l'usage du tabac s'est développé, s'est généralisé et les consommateurs se sont habitués au service de la régie. L'État y trouve 370 millions de ressources, et le contribuable ne réclame pas : tout semble donc aller au mieux. Cependant, si la préparation et la vente des tabacs étaient libres en France, l'impôt spécial serait peut-être moins productif, mais il y aurait un grand trafic commercial qui nous échappe aujourd'hui pour se faire à l'étranger. Ce serait une nouvelle source de profits, pour un grand nombre de commerçants : l'État récupèrerait l'impôt sous une autre forme, et la prospérité commerciale serait plus grande.

Quant au monopole des allumettes, ses inconvénients sont connus de tout le monde, et sa suppression est sérieusement projetée. A ce sujet, dans un rapport fait à la Chambre, M. Leydet conclut ainsi :

« Qu'il ne faut pas plus longtemps violer le principe de la liberté du travail, qu'il n'y a pas réellement un intérêt fiscal qui autorise l'État à confisquer une industrie et à priver le consommateur des avantages inhérents à la libre concurrence, et au libre jeu de l'initiative du fabricant et de l'inventeur; qu'il est possible d'assurer par certaines précautions le rendement régulier d'un impôt de fabrication des allumettes, dont le produit serait au moins égal à celui de la concession actuelle. Enfin, il faut restituer au commerce d'exportation toute sa liberté d'action ; au public, le choix libre des produits fabriqués, le bénéfice de la concurrence entre les industriels, qui est susceptible d'amener la baisse des prix et l'amélioration des produits. »

Mais le trafic des alcools, exercé exclusivement par l'Etat aurait bien d'autres inconvénients : d'abord, une grande atteinte portée à la liberté commerciale de cinq cent mille commerçants en liquides, puis une fraude considérable organisée sur tous les points de la France, et qu'il serait impossible d'empêcher : d'où, un rendement de l'impôt illusoire. Tels seraient d'abord les premiers résultats.

Le monopole serait-il intégral, c'est-à-dire, l'Etat entreprendrait-il la fabrication, la rectification et la vente des alcools, suivrait-il l'alcool depuis l'alambic jusqu'à la consommation ?

Cette mesure qui déposséderait ou exproprierait tous les fabricants d'alcool, marchands en gros et débitants, pour créer autant de fabriques et de boutiques de l'Etat, aurait de graves conséquences. Elle ne pourrait être prise que par un gouvernement despotique, voulant augmenter l'action de sa sphère dominatrice, et se créer un plus grand nombre d'agents. Avec nos institutions actuelles une pareille mesure ne pourrait s'expliquer.

Aussi les auteurs de projets de monopole n'ont pas été jusque-là, et voici en quoi consistait leur projet. « Nous voulons, disaient-ils, laisser la fabrication libre, mais nous voulons que les fabricants nous apportent tous leurs alcools : nous les rectifierons et nous les mettrons en vente à un prix élevé, par petites bouteilles spéciales. Nul ne pourra livrer d'autres alcools à la consommation que ceux sortant des usines de rectification de l'État.

Nous ne voulons pas nous étendre longuement sur l'inefficacité du système, les difficultés qu'il présente, les ennuis qu'il créerait, les fraudes qu'il provoquerait. Nous avons consacré près de deux cents pages d'une publication, à réfuter toutes les erreurs que ce système comportait (1); nous ne faisons que les indiquer sommairement.

Frappés des complications de ce système, et voulant profiter de l'influence que pouvait exercer sur bon nombre de personnes, ce souci de protéger la santé publique, quelques financiers avaient pensé tirer parti de cette idée de monopole, en demandant simplement le privilège exclusif de la rectification. Cette rectification de tous les alcools devrait se faire obligatoirement dans les usines de l'État, ou dans les usines d'une compagnie concessionnaire. Les monopolisateurs prélèveraient une prime relativement modérée, en comparaison de celle qui était proposée dans le projet aux petites bouteilles. Mais cette prime serait, disait-on, suffisante pour donner une plus-value de recettes au Trésor, et un bénéfice à la Société de Rectification; le tout naturellement à la charge des consommateurs. Selon les auteurs, par cette prime, les consommateurs paieraient la certitude que les alcools répandus dans la consommation seraient complètement purs.

Ce qui a fait avorter ce projet de monopole, partiel comme tous les autres, plus généraux, c'est, outre les difficultés d'application et l'impossibilité d'empêcher la fraude, la conviction qui s'est faite dans les esprits qu'il n'était pas nécessaire que l'État intervînt ni dans la fabrication et dans la rectification, ni dans la vente des alcools afin de protéger la santé publique : pour exercer efficacement cette protection, il suffisait que l'administration surveillât plus étroitement les marchands de produits alimentaires, qui mettent en vente des liquides ou des aliments malsains. D'ailleurs, la consommation de l'alcool ne s'accroît pas d'une manière aussi effrayante qu'on est porté à le faire croire. Depuis 1881, c'est-à-dire depuis huit ans, elle est restée stationnaire.

---

(1) L'alcool. — L'impôt des boissons, par Georges Hartmann. — 1 vol., chez Guillaumin.

Depuis trente ans, en France, cette consommation a doublé, comme celles des vins, des cidres et des bières, tandis que dans le même espace de temps, la consommation du café a plus que triplé, et celle du sucre a quadruplé. En outre la fabrication et surtout la rectification des alcools ont fait de grands progrès depuis quelques années. De sérieux perfectionnements ont été apportés dans les appareils de fabrication et, aujourd'hui, par divers procédés, on obtient, sans que le prix soit considérablement augmenté, une neutralité de goût et une pureté qui rendent les alcools d'industrie moins toxiques que les eaux-de-vie de vin, surtout les eaux-de-vie de marc que les bouilleurs de cru produisent et répandent en fraude dans nos campagnes.

Il y a certainement amélioration sensible dans les conditions de livraison des alcools à la consommation; cette consommation ne s'accroît pas et ne prend pas des proportions menaçantes. Le projet de monopole ne peut donc plus se justifier par la nécessité de protéger la santé publique, puisque les progrès de l'industrie libre tendent à cette protection. Il en résulte alors que l'intervention des pouvoirs publics n'est plus indispensable dans la circonstance. Où cette intervention peut se justifier, nous ne le contestons pas, c'est dans le contrôle hygiénique de tous les produits alimentaires et des boissons alcooliques mis en vente. En ce qui concerne ces derniers produits, l'intervention pourrait peut-être s'étendre jusqu'à exiger que tous les alcools soient bien rectifiés avant d'être employés à la composition des boissons. Mais il n'est pas nécessaire que cette rectification soit faite par des usines de l'État, ou d'une compagnie concessionnaire : il y a maintenant partout où l'on produit de l'alcool suffisamment, des appareils de rectification pour arriver à ce résultat. La raison de la santé publique n'existant plus pour motiver le projet d'un monopole de l'alcool, il reste la question fiscale.

L'État reçoit environ 250 millions de l'impôt sur l'alcool. A-t-il besoin de faire lui-même la fabrication et la rectification des alcools pour en tirer un plus grand revenu? Évidemment non. Il suffit d'apporter quelques modifications au régime actuel, de frapper d'un impôt les quantités produites par les bouilleurs de cru pour obtenir un meilleur rendement de l'impôt. De plus, si les besoins budgétaires rendaient nécessaire une augmentation des impôts, une légère élévation des droits sur l'alcool pourrait produire plusieurs millions, sans que la consommation diminue sensiblement. Mais il faut réserver cette mesure pour le cas où des besoins urgents dans des moments de grande crise commanderaient d'y recourir. Nous ne voyons donc pas, ni dans un but hygiénique, ni dans un intérêt fiscal, l'utilité de créer un nouveau rouage administratif, de renforcer l'armée des fonctionnaires, de jeter la perturbation dans un commerce important, par un monopole de l'alcool.

On objectera que dans un pays libre, voisin du nôtre, la Suisse, un système de monopole des alcools vient d'être implanté, que le peuple suisse a voté la loi lui-même, et que grâce à cette réforme, des impôts indirects et des droits locaux ont été supprimés.

Si vous le voulez bien, nous allons rapidement examiner ce qui se passe en Suisse, et juger si l'exemple de nos voisins est bon à suivre. Le monopole de l'alcool a été institué en Suisse, et approuvé par un vote populaire, c'est qu'il doit avoir du bon, pensera-t-on, puisque la nation s'est prononcée en sa faveur. Oui, le monopole de l'alcool existe en Suisse, mais il faut attendre les résultats de plusieurs années avant de féliciter le peuple suisse de cette mesure. Puis les conditions économiques de la Suisse sont, sous le rapport de la production et de la consommation de l'alcool, bien différentes de celles de la France.

Dans notre pays, l'alcool d'industrie est un produit national; nous ne tirons pas de l'étranger 10 % des alcools que nous employons et que nous consommons. Il n'en est pas de même en Suisse, et le monopole dans ce pays a été établi essentiellement pour frapper les produits étrangers. C'est ainsi, que sur 150 mille hectolitres d'alcool d'industrie consommés dans l'année, 100 mille ont été importés; la production n'a donc été que de 50 mille hectolitres, c'est-à-dire du tiers, et encore cette fabrication a-t-elle été faite avec des matières venant de l'étranger, surtout des grains.

On sait que le sol helvétique est en grande partie montagneux et peu favorable à la grande culture des betteraves et des pommes de terre, et qu'il n'y a pas dans les produits du sol, des éléments d'une grande production d'alcool d'industrie. Les 985 distillateurs, comptés en Suisse l'année dernière, avant l'établissement du régime actuel, produisaient de très petites quantités; 53 % de la production étaient l'œuvre de six distilleries. Par contre, il y a en Suisse beaucoup de petits bouilleurs de cru faisant des eaux-de-vie de fruits, de raisin, de cerises, de prunes, etc. En établissant ce monopole, les Suisses ont voulu empêcher le développement des importations d'alcool ou de sa fabrication, à l'intérieur avec des matières étrangères, et favoriser ainsi la production nationale des eaux-de-vie, kirsch, etc. Car le monopole ne vise que les alcools d'industrie, et n'atteint pas les bouilleurs de cru. De plus, comme la Suisse reçoit beaucoup d'étrangers qui viennent jouir de ses beaux sites et que les alcools d'industrie sont consommés en partie par ces étrangers, le gouvernement fédéral a pensé qu'en majorant l'impôt sur l'alcool, il ferait ainsi payer cet impôt par les étrangers voyageurs. Mais voici ce qui se produit : le droit de un franc par litre qui a été imposé sur l'alcool d'industrie incite les bouilleurs de cru à distiller beaucoup plus de fruits qu'autrefois et à produire en fraude des alcools d'industrie. Les prévisions du gouvernement Suisse sont déçues : il n'y a eu cette année que 70 mille hectolitres d'imposés par le monopole au lieu de 150 mille hectolitres constatés l'année précédente. Puis cette mesure visant les étrangers, atteint en même temps les ouvriers et les artisans suisses qui, ne possédant rien, ne jouissent pas des dégrèvements qui ont été faits sur les autres impôts et paient leurs boissons alcooliques plus cher. Cette mesure atteint également les industriels, ébénistes, et autres qui emploient l'alcool industriellement. Ce monopole ne peut donc être profitable qu'aux propriétaires du sol, s'il donne les ressources qu'on en attend; si le déficit constaté se renouvelle, le gouvernement fédéral sera obligé de rétablir les droits qu'il vient de supprimer, et mécontentera le pays.

D'ailleurs le prétendu vote populaire, qui a approuvé le monopole, comportait 252 mille voix en faveur contre 127 mille sur une population de 2.800.000 habitants : la masse populaire est loin de l'approuver.

Que faut-il conclure? C'est que dans la circonstance, il faut se renfermer dans les saines doctrines économiques : respecter la liberté commerciale, ne faire intervenir les pouvoirs publics que dans des cas bien déterminés, pour surveiller et contrôler afin d'assurer l'exécution de la loi, d'empêcher la vente de produits nuisibles et de veiller à la rentrée de l'impôt. Mais ne demandons pas à l'Etat de se faire industriel et commerçant, d'étouffer les actes d'initiative privée pour créer de nouveaux rouages administratifs. Demandons-lui au contraire de faire disparaître les monopoles existants, et de supprimer l'intervention des pouvoirs publics, là où elle n'est pas rigoureusement indispensable.

Combattons donc tous projets de monopole de l'alcool comme de tout autre produit, car il n'y aurait pas de raison, une fois le monopole de l'alcool établi, pour que l'Etat s'arrête en chemin, et n'établisse pas des monopoles de sucre, de cuivre, de café, etc., sous prétexte d'empêcher les accaparements. Nous arriverions ainsi à une situation fâcheuse, à un abus de force de l'État qu'il faut empêcher à tout prix. En définitive, il est de l'intérêt général de ne pas créer un nouveau mode d'intervention des pouvoirs publics dans les transactions commerciales et industrielles.

Un membre : — La question du monopole des alcools est une grosse question. Elle a été étudiée par une commission extra-parlementaire instituée par le ministre des finances. L'auteur n'a même pas déposé son projet. En Suisse, on s'est dit : Puisque nous ne pouvons pas le réformer, supprimons-le. On a eu en vue seulement d'interdire l'alcool étranger. Personne ne voulait plus boire d'alcool parce qu'il était trop neutre, trop insipide; c'est qu'on ne peut pas commander au goût des populations aussi facilement qu'on le suppose. L'Allemagne a sur cette question un très gros projet politique. Il a été rejeté par 181 voix contre 3. Le monopole a été rejeté en Russie, il n'a eu du succès qu'en Norvège, grâce à une loi qui était une sorte de loi de bienfaisance.

M. Raffalovich. — Je voudrais faire constater que le Parlement allemand a été obligé cette année-ci de revenir sur cette loi et d'abolir l'obligation de rectifier. Un second point : Les effets de la législation allemande nous démontrent que la consommation de l'alcool a diminué à la suite de l'impôt. Le monopole est aboli en Russie depuis 1862 et nous avons pourtant vu M. Jules Roche aller en Russie pour demander des renseignements sur le monopole de l'alcool.

M. de Bismark poursuivait plusieurs buts :

1° L'indépendance en matière d'imposition d'alcool.

2° Créer à l'empire des ressources telles qu'il pût devenir indépendant des États particuliers et être leur grand pourvoyeur financier.

3° M. de Bismark est un grand propriétaire de pommes de terre, il a des parents distillateurs de pommes de terre.

On produisait en Allemagne plus qu'on ne pouvait consommer. Pour remédier à cet inconvénient, M. de Bismark et ses amis ont eu une idée très ingénieuse : ils ont créé une échelle de droits; ils ont dit : Une partie de l'alcool paiera un droit de..... et au delà de cette quantité un droit supérieur, on est arrivé à renverser le système de M. Delombre. On a commencé par intervenir dans l'exercice d'une industrie en favorisant les producteurs. On a dit : Jusqu'à tel chiffre vous paierez 50 marks par hectolitre et au-dessus de ce chiffre 72 marks. C'est un des exemples les plus frappants que je connaisse de l'intervention directe de l'Etat dans l'exercice d'une industrie.

M. Roux.—Le Reichstag n'a pu adopter aucun projet parce qu'on n'a pas trouvé un système de rectification donnant l'alcool pur. Les alcools allemands reviennent à frs 16 ou 17 dans les ports : c'est presque la moitié de ce qu'ils coûtent en France.

M. Delombre. — Il s'est trouvé que les deux questions de l'octroi et de l'alcool ont été discutées dans le même sens.

M. Hartmann. — L'Allemagne va se trouver dans une crise économique très intense parce que d'une part cette production a été excessive, poussée un peu par l'intervention de l'Etat qui aurait mieux fait de laisser les agriculteurs développer librement et doucement leur industrie.

Un membre.— Croyez-vous que l'initiative privée se serait substituée à l'intervention de M. de Bismarck ?

M. Hartmann. — Oui.

M. Fournier de Flaix. — Je voudrais faire une observation générale au point de vue de l'alcool. Si nous arrivons à reconstituer nos vignobles, nous aurons une production d'alcool extrêmement considérable.

M. Donnat. — Nous voici arrivés, Messieurs, au terme de nos travaux. Nous avons traité des questions fort intéressantes et j'espère que nous n'aurons pas perdu notre temps. *Applaudissements.*

La séance est levée à 5 heures 1/2.

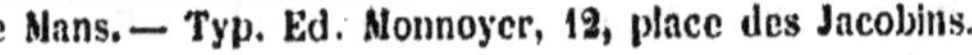

Le Mans. — Typ. Ed. Monnoyer, 12, place des Jacobins.

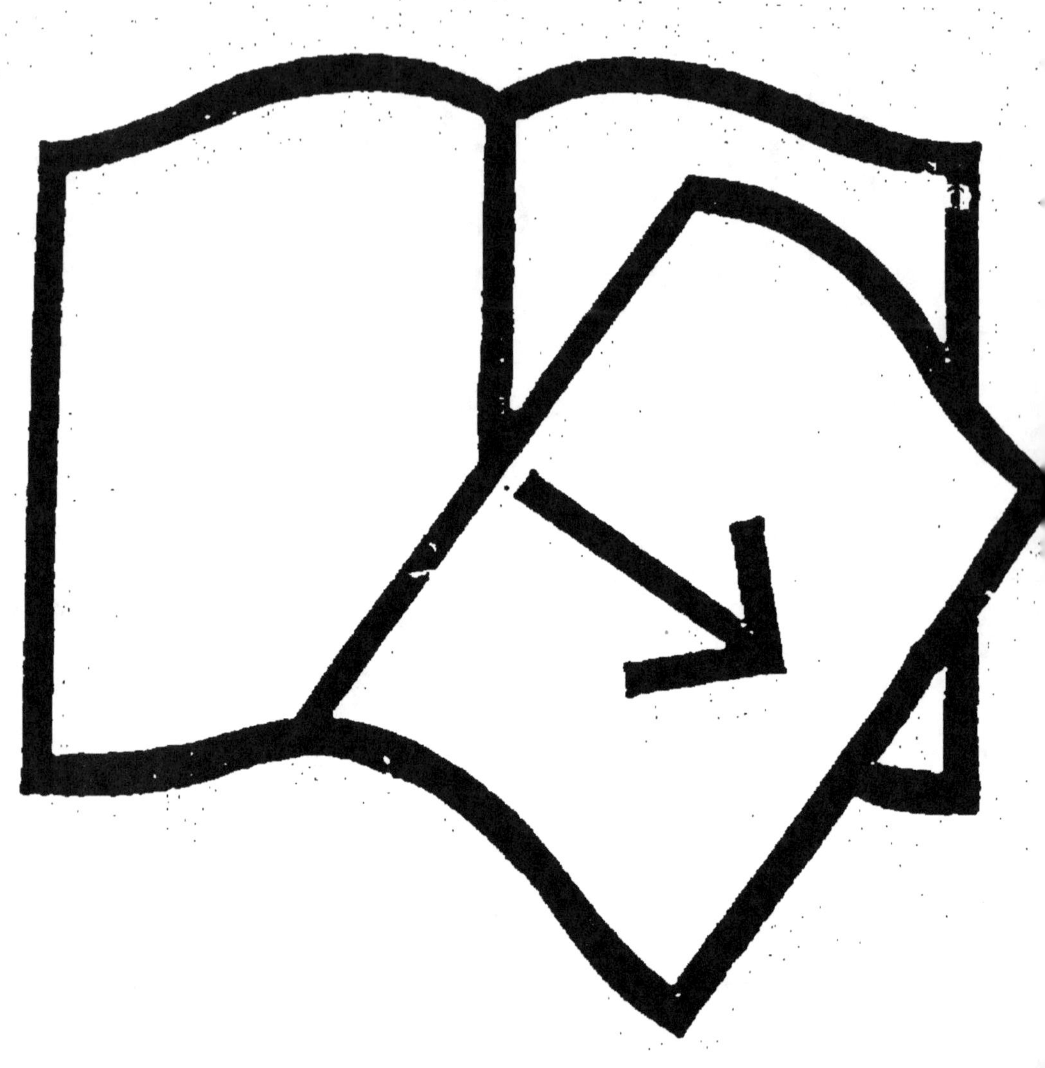

Documents manquants (pages, cahiers...)
NF Z 43-120-13